Elsbeth Bih

Symbolkreis
»Himmel und Erde«

Arbeitsblätter
für die Grundschule

Reihe
»Kreativer Religionsunterricht«

Lahn-Verlag Limburg-Kevelaer

Die Deutsche Bibliothek – CIP-Einheitsaufnahme

Ein Titelsatz für diese Publikation ist bei
Der Deutschen Bibliothek erhältlich

Quellennachweis

Wir danken den Verlagen und Rechteinhabern für die uns freundlicherweise erteilten Abdruck-
genehmigungen.

7, 9, 40, 42–44, 45, 49 aus: Einheitsübersetzung der Heiligen Schrift, Katholische Bibelanstalt, Stuttgart
11 aus: Irmgard von Faber du Faur, Liebe Welt, Verlag Sauerländer, Aarau
12 aus: Martin Buber, Die Erzählungen der Chassidim, Manesse Verlag, Zürich; Lied aus: Weil du mich
so magst, Rechte: Impulse Musikverlag Ludger Edelkötter, Drensteinfurt
13 aus: Ernst Hoffmann, Unser jenseitiger Leib, Johannes Verlag, Leutesdorf; Lied aus: Weißt du, wo
der Himmel ist?, Rechte: Impulse Musikverlag Ludger Edelkötter, Drensteinfurt
16: Lied aus: Ave Eva, 1974, Rechte: Peter Janssens Musik Verlag, Telgte
20: Bild aus: Misereor-Hungertuch »Biblische Frauengestalten«, Misereor Medienproduktion und
Vertriebsgesellschaft, Aachen
24 aus: Manfred Kyber, Gesammelte Tiergeschichten, Rowohlt Verlag, Reinbek
25: Lied aus: Uns allen blüht der Tod, 1979, Rechte: Peter Janssens Musik Verlag, Telgte
27: Textrechte unbekannt; Lied aus: Gib der Hoffnung ein Gesicht, 1989, Rechte: tvd-Verlag,
Düsseldorf
30: Rechte bei der Autorin
31 aus: Hermann Hesse, Ausgewählte Gedichte, Suhrkamp Verlag, Frankfurt am Main 1976
33: Lied aus: Und siehe, wir leben BE 813, © by Gustav Bosse Verlag, Kassel
36: Liedrechte: Verlag Ernst Kaufmann, Lahr
37: Rechte unbekannt
45: Lied aus: Solange die Erde lebt, Rechte: Menschenkinder Verlag, Münster
51: Lied aus: Kommt alle und seid froh, 1982, Rechte: Peter Janssens Musik Verlag, Telgte
52 aus: Werner Müller, Geliebte Erde, Bouvier Verlag, Bonn; Käthe Recheis/Georg Bydlinski, Weißt du,
dass die Bäume reden. Weisheit der Indianer, Herder Verlag, Freiburg 1985; Lied aus: Mein Liederbuch,
Band 1, 1981, Rechte: tvd-Verlag, Düsseldorf
53: Rechte beim Autor; Lied aus: Heut ist ein Tag, an dem ich singen kann, Rechte: Menschenkinder
Verlag, Münster
55 aus: Bistum Essen, Von Aschermittwoch bis Ostern, Verlag Ferdinand Kamp, Bochum 1989
57: Lied aus: Neue Kinderlieder BE 807, © by Gustav Bosse Verlag, Kassel

© 2001 Lahn-Verlag, Limburg-Kevelaer
Lektorat: Verlagsservice Anne Voorhoeve, Selters
Zeichnungen: Gisa Gericke, Wiesbaden
Layout: Jürgen Weber, Limburg
Umschlaggestaltung: AKUT Werbung GmbH, Dortmund
Notensatz: Nikolaus Veeser, Schallstadt
Satz und Litho: Schröder Media, Dernbach
Druck und Bindung: Bonifatius, Paderborn
Printed in Germany

ISBN 3-7840-3221-4

Inhalt

Vorwort

Symbole und ihre Deutung bilden die Grundlage für jegliches religiöse Tun des Menschen. Sie vermitteln ihm einen Zugang zum Göttlichen, lassen zeichenhaft erahnen, was es mit Gott auf sich hat. Deshalb dürfen sie in der religionspädagogischen Arbeit nicht fehlen.

Nachdem die vielfältigen Anregungen in den fünf Bänden der Reihe »Symbole des Lebens – Symbole des Glaubens« (1992–1997) große Resonanz erfahren haben, wurde der Wunsch geäußert, zu diesen Symbolen auch ganz konkrete Arbeitsblätter für den Religionsunterricht in der Grundschule bereitzustellen. Den ersten drei Arbeitsheften zu den Symbolkreisen »Licht« (ISBN 3-7840-3174-9), »Weg« (ISBN 3-7840-3190-0) und »Baum/Kreuz« (ISBN 3-7840-3197-8) folgt nun das vierte zum Symbolkreis »Himmel und Erde«.

Die ersten Arbeitsblätter beschäftigen sich mit dem *Himmel*, wie wir ihn sehen und als Teil der Schöpfung. Ihnen folgen die Themenkreise »Himmel als Wohnung Gottes« und »Himmel – Reich Gottes«. Letztere beinhalten Arbeitsblätter zu unterschiedlichen Reich-Gottes-Gleichnissen, den Seligpreisungen und dem Vaterunser und schließen mit dem Gedanken ab, wie »Himmel und Erde« zusammengehören. Es folgen die Themenkreise »Wolken« als Erscheinungsformen am Himmel und als Erscheinung, hinter der sich Gott verbirgt, und »Wind« als bewegende Kraft.

Der Themenkreis »Erde« gliedert sich in die Unterthemen »Schöpfung,«, »Acker und Bearbeiten des Bodens« und »Erntedank« bis hin zur »Welt«, in der wir leben und für die wir Verantwortung tragen. Der »Berg« als geformte Erde und landschaftsprägendes Element bildet den Abschluss dieses Heftes. Er wird zum einen dargestellt als etwas, das uns in der Natur begegnet und das zum »Hinaufsteigen« anregt, zum anderen im Zusammenhang mit biblischen Texten als ein Ort, an dem Menschen glauben, Gott zu begegnen und ihm näher zu sein.

Das Arbeitsheft besteht wiederum aus den beiden Hauptteilen »Arbeitsblätter« (mit Geschichten, Rätseln, Bastel- und Ausmalvorlagen, Liedern usw.) und »Kommentar« (Gestaltungsvorschläge, Anregungen und Erläuterungen zu jedem Arbeitsblatt). Der Auswahl der biblischen Texte und der Themen wurden die Richtlinien für Katholischen Religionsunterricht an Grundschulen zugrunde gelegt. Eine Entscheidung, in welchem Schuljahr die einzelnen Arbeitsblätter eingesetzt werden, bleibt jeder Lehrerin/jedem Lehrer selbst überlassen.

Ich wünsche allen, die sich mit der Weitergabe des Glaubens in Religionsunterricht und Katechese beschäftigen, viel Mut und Durchhaltevermögen und hoffe, mit diesem Arbeitsheft (weitere sind in Vorbereitung) einen Beitrag zu einem lebendigen Religionsunterricht an der Grundschule zu leisten.

Elsbeth Bihler

A 1

Himmel (Mandala)

A 2

Gott erschafft den Himmel

Im Anfang schuf Gott Himmel und Erde;
die Erde aber war wüst und wirr,
Finsternis lag über der Urflut,
und Gottes Geist schwebte über dem Wasser.
Dann sprach Gott:
Ein Gewölbe entstehe mitten im Wasser
und scheide Wasser von Wasser.
Gott machte also das Gewölbe
und schied das Wasser unterhalb des Gewölbes
vom Wasser oberhalb des Gewölbes.
So geschah es,
und Gott nannte das Gewölbe Himmel.
Es wurde Abend, und es wurde Morgen:
zweiter Tag.

Genesis 1,1– 2.6– 8

Male in dieses Kästchen an den unteren Rand die braune Erde und darüber einen gewölbten blauen Himmel.

Male so, dass die Farben das ganze Blatt bedecken. Schau dir beim Malen immer wieder den Text oben an.

A 3

Himmelsmobile

Schneide die Schablonen auf diesem Blatt aus und übertrage sie auf buntes, weißes, graues und gelbes Tonpapier. Der Regenbogen bildet den Halt. Daran kannst du die Sterne, die Wolken und den Mond mit Fäden aufhängen.

A 4

Ein altes Gebet

Die Himmel rühmen
die Herrlichkeit Gottes,
vom Werk seiner Hände
kündet das Firmament.

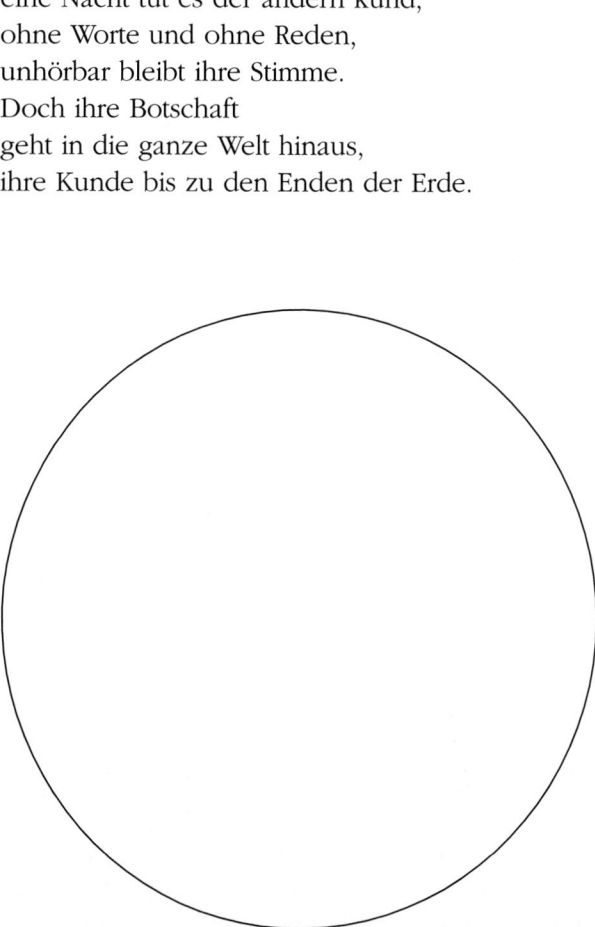

Ein Tag sagt es dem andern,
eine Nacht tut es der andern kund,
ohne Worte und ohne Reden,
unhörbar bleibt ihre Stimme.
Doch ihre Botschaft
geht in die ganze Welt hinaus,
ihre Kunde bis zu den Enden der Erde.

Dort hat er der Sonne ein Zelt gebaut.
Sie tritt aus ihrem Gemach hervor
wie ein Bräutigam;
sie frohlockt wie ein Held
und läuft ihre Bahn.
Am einen Ende des Himmels geht sie auf
und läuft bis ans andere Ende;
nichts kann sich vor ihrer Glut verbergen.

Psalm 19,1–7

A 5

Himmelsrätsel

Male diese Seite mit den entsprechenden Farben bunt – auch den Hintergrund.

Schreibe folgende Worte in die entsprechenden Symbole:

SONNE / REGENBOGEN / MOND / WOLKE / STERNE / TAG / NACHT

A 6

Der graue und der blaue Himmel

Es gibt den blauen Himmel und den grauen Himmel.
Der blaue Himmel ist immer schön.
Manchmal hat er weiße Wolken.

Heute ist der Himmel grau.
Da scheint die Sonne nicht.
Es ist kalt.
Es wird noch regnen.
Das Kind ist traurig.

Auf einmal sieht es mitten im grauen Himmel
ein blaues Loch – und dort noch eines.
Das eine geht wieder zu.
Das andere wird größer.
Jetzt geht es auch wieder zu.
Vielleicht kommt es wieder.

Die Mutter sagt: »Heute ist ein grauer Tag.«
»Nein«, sagt das Kind, »der blaue Himmel ist da, Mutter.
Man sieht ihn nur nicht.«

Irmgard von Faber du Faur

Schreibe hier hinein, was du an einem grau vergangenen Tag tust, wie du dich fühlst.	Schreibe hier hinein, was du gerne an einem Tag machst, an dem die Sonne scheint, und wie du dich dann fühlst.

A 7

Wo wohnt Gott?

Gott wohnt im Himmel,
sagen manche Menschen.
Aber der Himmel ist weit und groß.
Wir sehen die Wolken.
Wir sehen den Mond.
Wir sehen die Sterne.
Wir sehen die Sonne.
Aber Gott sehen wir nicht.
Aber vielleicht ist es mit Gott so
wie mit dem Himmel:
Wir sehen ihn immer.
Tag und Nacht.
Er ist immer da.
Aber wir können ihn nicht erreichen.
Nicht, wenn wir auf den höchsten Berg steigen.
Nicht, wenn wir mit dem Flugzeug fliegen.

Nicht wenn wir mit Raketen zum Mond fliegen.
Auch Gott ist immer da,
selbst wenn wir ihn nicht sehen.
Vielleicht sagen die Menschen deshalb:
Gott wohnt im Himmel.

Gott wohnt, wo man ihn einlässt

Ein gelehrter Mann saß mit anderen Weisen zusammen. Er überraschte sie mit der Frage: »Wo wohnt Gott?« Sie lachten über ihn und sagten: »Was redest du! Die ganze Welt ist doch voll von seiner Herrlichkeit.«
Er aber beantwortete seine eigene Frage: »Gott wohnt, wo man ihn einlässt.«

Nach Martin Buber

Die Erde ist mein Haus

Die Er-de ist mein Haus, der
Him - mel ist mein Dach.
Du bist im - mer bei mir,
wenn ich wein' und lach'.

T: Jutta Richter   M: Ludger Edelkötter

Lest miteinander die beiden Texte und den Liedtext! Was sagen sie über den Himmel aus?
Was würdet ihr sagen: Wo wohnt Gott?
Schreibt es auf!

A 8

Weißt du, wo der Himmel ist?

Ein Kind sagt zu seiner Mutter:
»Der Himmel ist doch da oben?« – und es zeigt in die Luft.
»Welchen Himmel meinst du?«, fragt die Mutter.
»Ei, den Himmel« sagt das Kind.
»Meinst du den Himmel, an dem die Wolken sind und wo die Flugzeuge fliegen?«, fragt die Mutter geduldig weiter.
»Nein, den richtigen Himmel«, antwortet das Kind, »wo die Engel sind.«
Da sagt die Mutter:
»Der Himmel, den du meinst, ist dort, wo Gott ist, und Gott ist überall.
Deshalb ist auch der Himmel nicht irgendwo über uns,
sondern überall – in uns und um uns herum.
Wir können ihn nur noch nicht sehen,
weil Gott uns zuerst andere Augen und ein anderes Herz geben muss.«

Gerhard Lohfink

Weißt du, wo der Himmel ist

1. Weißt du, wo der Him-mel_ ist,_
au-ßen od-der in-nen,_ ei - ne Hand-breit
rechts und links,_ du bist mit-ten drin-nen,_
du bist mit - ten drin-nen._

2. Weißt du, wo der Himmel ist,
   nicht so tief verborgen,
   einen Sprung aus dir heraus
   aus dem Haus der Sorgen,
   aus dem Haus der Sorgen.

3. Weißt du, wo der Himmel ist,
   nicht so hoch da oben,
   sag doch ja zu dir und mir,
   du bist aufgehoben,
   du bist aufgehoben.

T: Wilhelm Willms   M: Ludger Edelkötter

A 9

Christi Himmelfahrt

Die Jünger Jesu begegneten Jesus noch oft, nachdem er auferweckt worden war. So unverhofft, wie er kam, ging er auch wieder.
Er war bei ihnen und doch aus einer anderen Welt.
Sie wussten aber auch: Irgendwann werden wir ihn so nicht mehr sehen.
Jesus wollte zurückkehren
zu seinem Vater im Himmel.
Oft hatte er es gesagt.
Bei der letzten Begegnung sagte er:
»Ich gehe jetzt zurück zu meinem Vater.
Aber ich lasse euch nicht allein.
Ich werde euch einen Helfer,
den Heiligen Geist senden.

Er macht euch stark und mutig.
Dann werdet ihr allen Menschen
auf der ganzen Welt
die frohe Botschaft von Gottes Reich verkünden.«
Als er das gesagt hatte, war es den Jüngern,
als würde Jesus von ihnen weg
in den Himmel gehoben.
Sie konnten ihn nicht mehr sehen,
weil eine Wolke ihn verbarg.
Noch lange standen sie da
und schauten in den Himmel.
Dann gingen sie zurück in die Stadt.

Nach Apostelgeschichte 1,4–10a.12

A 10

Wiederkunft Christi

Jesus sagte zu seinen Freunden: Die Menschen werden nicht verstehen, was Gott von ihnen will. Es wird eine große Not herrschen. Aber danach werde ich kommen und alle wieder froh machen. Vorher könnt ihr Zeichen am Himmel sehen. In jenen Tagen, nach der großen Not, wird sich die Sonne verfinstern, und der Mond wird nicht mehr scheinen; die Sterne werden vom Himmel fallen, und die Kräfte des Himmels werden erschüttert werden. Alles gerät in Unordnung. Dann wird man den Menschensohn mit großer Macht und Herrlichkeit auf den Wolken kommen sehen. Und er wird die, die zu Gott gehalten haben in all der Not, zusammenführen vom Ende der Erde bis zum Ende des Himmels. Ihr könnt aus der Natur lernen! Schaut euch den Feigenbaum an! Sobald seine Zweige saftig werden und Blätter treiben, wisst ihr, dass der Sommer nahe ist. Genauso sollt ihr erkennen, wenn ihr (all) das geschehen seht, dass ich wiederkomme. Himmel und Erde werden vergehen, aber meine Worte werden nicht vergehen. Doch jenen Tag und jene Stunde kennt niemand, nur Gott. Und dann wird sein Reich des Friedens und der Liebe vollkommen sein.

Nach Markus 13,24–32

Male, wie der Himmel in Unordnung gerät, die Sterne vom Himmel fallen und Sonne und Mond sich verfinstern!

A 11

Der neue Himmel und die neue Erde

Johannes war ein Mensch, der an Jesus und an
Gott glaubte. Er träumte vom Himmel, vom Reich
Gottes und erzählt uns, wie er sich das Reich
Gottes vorstellte. Im letzten Buch der Bibel
schreibt er:
Dann sah ich einen neuen Himmel
und eine neue Erde.
Ich sah die heilige Stadt, das neue Jerusalem,
von Gott her aus dem Himmel herabkommen;
sie war bereit wie eine Braut,
die sich für ihren Mann geschmückt hat.
Da hörte ich eine laute Stimme rufen:
Seht, die Wohnung Gottes unter den Menschen!
Er wird in ihrer Mitte wohnen,
und sie werden sein Volk sein;
und er, Gott, wird bei ihnen sein.
Er wird alle Tränen von ihren Augen abwischen:
Der Tod wird nicht mehr sein,
keine Trauer, keine Klage, keine Mühsal.
Denn was früher war, ist vergangen.
Er, der auf dem Thron saß, sprach:
Seht, ich mache alles neu.
Und er sagte: Schreib es auf,
denn diese Worte sind zuverlässig und wahr.

Nach Offenbarung 21,1– 5a

Der Himmel geht über allen auf

Der Him-mel geht ü-ber al-len auf,
auf al-le ü- ber, ü-ber al-len auf. Der
Him- mel geht ü-ber al-len auf,
auf al-le ü- ber, ü-ber al-len auf.

T: Wilhelm Willms   M: Peter Janssens

Wie beschreibt Johannes den Himmel?
Was davon können wir jetzt schon erleben?
Was sagt uns, dass das Reich Gottes noch nicht
ganz erreicht ist?

A 12

Wie stellst du dir den Himmel vor?

Was stellst du dir unter »Himmel« vor?

Wenn du jemandem die frohe Botschaft von Jesus weitersagen wolltest, was würdest du sagen?

Warum ist die Frohe Botschaft Jesu eine »frohe« Botschaft?

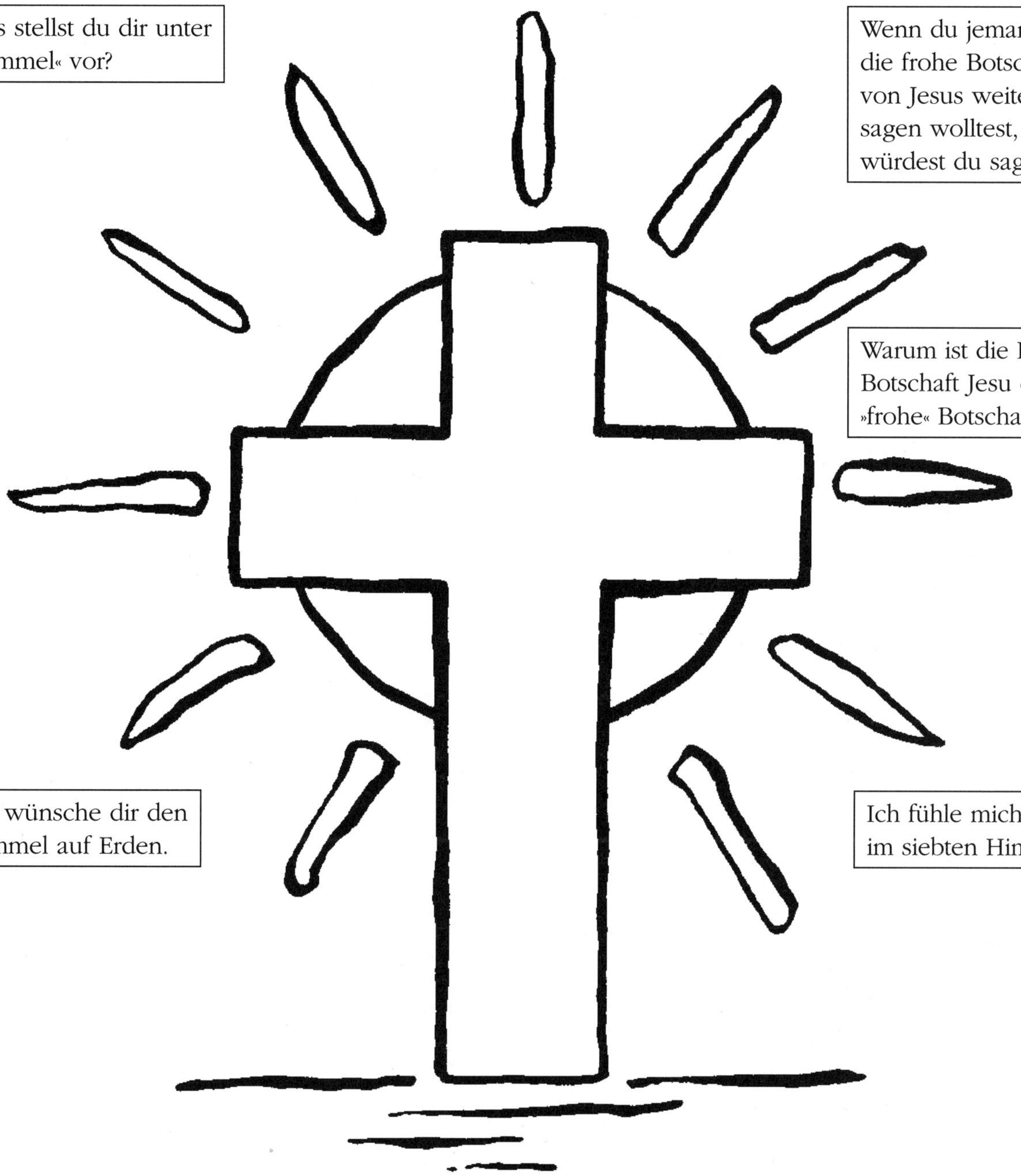

Ich wünsche dir den Himmel auf Erden.

Ich fühle mich wie im siebten Himmel.

Versuche die Fragen auf diesem Blatt zu beantworten.
Lies die Aussagen, die Menschen manchmal über den Himmel machen. Was meinen sie damit?
Schreibe deine Antworten unter und neben das Bild. Dann male es bunt.

A 13

Schatz und Perle

Jesus erzählte seinen Freunden vom Reich Gottes. Er sagte: Das Reich Gottes, das Himmelreich ist wichtiger als alles andere. Ihr sollt es damit so machen, wie die beiden Männer in der folgenden Geschichte es mit ihren Schätzen tun:

Mit dem Himmelreich ist es wie mit einem Schatz, der in einem Acker vergraben war. Ein Mann entdeckte ihn. Ihr könnt euch vorstellen, wie er sich gefreut hat! Damit ihm den Schatz keiner nehmen konnte, schon gar nicht der, dem der Acker gehörte, grub er den Schatz wieder ein. In seiner Freude verkaufte er alles, was er besaß, und kaufte den Acker. Denn auf einmal war ihm nichts mehr so wichtig wie der Schatz.

Auch ist es mit dem Himmelreich wie mit einem Kaufmann, der schöne Perlen suchte. Einmal fand er eine besonders wertvolle Perle. Die musste er unbedingt haben! Sie war ihm wichtiger als alles andere auf der Welt. Deshalb verkaufte er alles, was er besaß, und kaufte die kostbare Perle.

Nach Matthäus 13,44–46

Schreibe auf, was den Menschen heute ganz wichtig ist.	Was muss uns wichtig sein, wenn uns das Reich Gottes etwas bedeutet?

A 14

Schatzkisten füllen

Unsere Schätze

Was wünsche ich mir? Was sind meine wertvollsten Schätze?
Male es in die erste Schatzkiste!

Schätze in Gottes Augen

Was möchte Gott von uns? Was ist wichtig?
Erzählt es einander, und wenn ihr könnt, malt oder schreibt es in die zweite Schatzkiste!

A 15

Das Gleichnis vom Sauerteig

Jesus erzählte vom Reich Gottes. Er sagte:
Mit dem Himmelreich ist es wie mit einer Frau, die Brot backen wollte.
Sie bereitete aus Mehl und Wasser und Salz einen großen Trog voll Teig.
Sie knetete ihn gut durch.
Zuletzt gab sie ein klein wenig Sauerteig dazu, der dem Teig Geschmack verlieh.
Obwohl es so viel Mehl war und der Sauerteig so wenig, reichte das bisschen,
um aus der großen Menge schmackhaften Teig für knuspriges Brot zu machen.

Nach Matthäus 13,33

Lucy D'Souza

Schau dir das Bild gut an.
Was siehst du? Schreibe es auf!
Male das Bild bunt.
Überlege dabei: Was kannst du tun, damit die
frohe Botschaft wie Sauerteig in der Welt wirkt?

A 16

Das Gleichnis von den klugen und törichten Jungfrauen

Jesus erzählte seinen Freunden vom Himmelreich. Immer wieder neue Bilder fand er, um seinen Freunden, den Jüngern zu erklären, wie es dort aussieht, wie man es erreichen und wo man es entdecken kann. Einmal sagte er zu ihnen:

Im Himmel ist es wie bei einem großen Hochzeitsfest. Der Bräutigam ist Gott. Er kann jederzeit kommen. Ihr müsst wach und aufmerksam sein, sonst geht es euch wie den zehn jungen Frauen, die einmal zu einer Hochzeit eingeladen waren. Sie nahmen Öllampen, um vor dem Tor auf den Bräutigam zu warten. Fünf von ihnen waren dumm, und fünf waren klug.

Die Dummen nahmen ihre Lampen mit, aber kein Öl, die Klugen aber nahmen außer den Lampen noch Öl in Krügen mit.

Lange kam der Bräutigam nicht. Sie wurden alle müde und schliefen ein. Mitten in der Nacht aber hörte man plötzlich laute Rufe: »Der Bräutigam kommt! Geht ihm entgegen!«

Da standen die Jungfrauen alle auf und machten ihre Lampen zurecht. Die Dummen aber sagten zu den Klugen: »Gebt uns von eurem Öl, unseres reicht nicht mehr, sonst gehen unsere Lampen aus.«

Die Klugen erwiderten ihnen: »Dann reicht es weder für uns noch für euch; geht doch zu den Händlern und kauft, was ihr braucht.«

Während sie noch unterwegs waren, um das Öl zu kaufen, kam der Bräutigam; die Jungfrauen, die bereit waren, gingen mit ihm in den Hochzeitssaal, und die Tür wurde zugeschlossen.

Später kamen auch die anderen Jungfrauen und riefen: »Herr, Herr, mach uns auf!«

Er aber antwortete ihnen: »Amen, ich sage euch: Ich kenne euch nicht.«

Seid also wachsam! Denn ihr wisst weder den Tag noch die Stunde, wann euer Herr kommt!

Nach Matthäus 25,1–13

A 17

Klug sein – dumm sein

Klug sein   Dumm sein

Schreibe neben die brennenden Öllampen, was du tun kannst, um das Reich Gottes zu erwarten.

Schreibe neben die nicht brennenden Öllampen, was verhindert, dass das Reich Gottes kommt!

A 18

Talente

Jesus sagte zu seinen Freunden:
Mit dem Himmelreich ist es wie mit einem Mann, der auf Reisen ging. Er rief seine Diener und vertraute ihnen alles an, was er hatte. Dem einen gab er fünf Talente Silbergeld, einem anderen zwei, wieder einem anderen eines, jedem nach seinen Fähigkeiten. Dann reiste er ab. Sofort begann der Diener, der fünf Talente erhalten hatte, mit ihnen zu wirtschaften, und er gewann noch fünf dazu. Ebenso gewann der, der zwei erhalten hatte, noch zwei dazu. Der aber, der das eine Talent erhalten hatte, ging und grub ein Loch in die Erde und versteckte das Geld seines Herrn.

Nach langer Zeit kehrte der Herr zurück. Die Diener sollten erzählen, was sie mit dem Geld gemacht hatten, das ihnen anvertraut worden war. Da kam der, der die fünf Talente erhalten hatte, brachte fünf weitere und sagte: »Herr, fünf Talente hast du mir gegeben; sieh her, ich habe noch fünf dazu gewonnen.« Sein Herr sagte zu ihm: »Sehr gut, du bist ein tüchtiger und treuer Diener. Du bist im Kleinen ein treuer Verwalter gewesen, ich will dir eine große Aufgabe übertragen.«

Dann kam der Diener, der zwei Talente erhalten hatte, und sagte: »Herr, du hast mir zwei Talente gegeben; sieh her, ich habe noch zwei dazu gewonnen.« Sein Herr sagte zu ihm: »Sehr gut, du bist ein tüchtiger und treuer Diener. Du bist im Kleinen ein treuer Verwalter gewesen, ich will dir eine große Aufgabe übertragen.«

Zuletzt kam auch der Diener, der das eine Talent erhalten hatte, und sagte: »Herr, ich wusste, dass du ein strenger Mann bist; du erntest, wo du nicht gesät hast, und sammelst, wo du nicht ausgestreut hast. Weil ich Angst hatte, habe ich dein Geld in der Erde versteckt. Hier hast du es wieder.« Sein Herr antwortete ihm: »Du bist ein schlechter und fauler Diener! Du hast doch gewusst, dass ich ernte, wo ich nicht gesät habe, und sammle, wo ich nicht ausgestreut habe. Hättest du dein Geld wenigstens auf die Bank gebracht, dann hätte ich es bei meiner Rückkehr mit Zinsen zurückerhalten. Darum nehmt ihm das Talent weg und gebt es dem, der die zehn Talente hat!«

Nach Matthäus 25,14–28

Schreibe in den Kasten, was du besonders gut kannst und wo deine »Talente« liegen, die du für das Reich Gottes einsetzen kannst.

A 19

Die drei Schlüssel zum Himmel

Es lebte einmal ein großer reicher König zu einer Zeit, in der noch alle Menschen den hohen Berg kannten, auf dessen Gipfel die Tore des Himmels gebaut sind. Bei all seinem Reichtum sehnte sich der König danach, auch die Schlüssel zu den Toren des Himmels zu besitzen; aber keiner konnte sie ihm bringen. Eines Tages sagte ihm ein weiser Mann: »Alle Schätze der Erde kann man geschenkt bekommen, aber die Schlüssel zum Himmel muss jeder selbst suchen.« Da stieg der König selber auf den steilen Berg bis vor die Tore des Himmels und sagte dem Engel, dem Hüter vor Gottes ewigem Garten: »Ich finde keine Ruhe, bis ich nicht die Schlüssel zum Himmel besitze.« Der Engel lächelte und antwortete: »Auf der Erde blühen viele tausend Himmelsschlüssel, die von Menschen zertreten werden. Wenn du die richtigen drei findest, die nur zu deinen Füßen und für dich aufblühen, kannst du die Tore des Himmels aufschließen.« Viele Jahre suchte der König und zertrat keinen Himmelsschlüssel, doch nie blühte eine dieser Blumen vor seinen Füßen auf. Eines Tages bettelte ihn ein schmutziges Mädchen an, das weder Vater noch Mutter hatte. Das Hofgesinde wollte das verwahrloste Kind zur Seite drängen, der König aber setzte es zu sich aufs Pferd. In seinem Schloss ließ er es speisen und kleiden und pflegen. Da blühte zu seinen Füßen ein kleiner goldener Himmelsschlüssel auf. Und der König ließ die Armen und Kinder im Reich zu seinen Brüdern und Schwestern erklären.

Wieder vergingen Jahre. Da erblickte der König auf einem Ritt durch den Wald einen sehr kranken Wolf. Die Höflinge wollten ihn verenden lassen, er aber trug ihn in seinen Palast und pflegte ihn selbst gesund. Und der Wolf wich nie mehr von seiner Seite. Da blühte ein zweiter goldener Himmelsschlüssel zu seinen Füßen auf. Der König aber ließ von nun alle Tiere in seinem Reich zu Brüdern und Schwestern erklären.

Wieder vergingen einige Jahre. Da spazierte der König in seinem herrlichen Garten mit den seltensten Blumen. Und er erblickte am Wegrand eine kleine, unscheinbare Pflanze, die nahe daran war zu verdursten. »Ich will ihr Wasser bringen«, sagte der König. Doch der Gärtner wollte ihn hindern: »Es ist Unkraut; ich will es ausreißen und verbrennen; es passt nicht in diesen königlichen Garten!« Der König aber holte Wasser, und die Pflanze begann wieder zu atmen und zu leben.

Nun blühte der dritte Himmelsschlüssel zu des Königs Füßen auf, und das Bettelmädchen und der Wolf standen dabei. Der König aber sah auf dem steilen Berge die Tore des Himmels weit, weit geöffnet. Auch heute blühen diese drei Himmelsschlüssel noch, und sie leuchten heller und schöner als alle Edelsteine und Blumen der Welt.

Manfred Kyber

Male in die freien Felder, warum die Himmelsschlüssel aufblühen!
Können wir ähnlich handeln wie der König, um den Himmel zu entdecken?

A 20

Selig seid ihr

Als Jesus mit seinen Freunden unterwegs war, folgten ihm viele Menschen. Er stieg auf einen Berg, damit sie ihn besser sehen konnten. Er setzte sich und erzählte ihnen, was es mit dem Himmelreich, dem Reich Gottes auf sich hat.

Er sagte: Es dürfen sich alle freuen und glücklich sein, die jetzt in Not sind. Sie sind selig.

Selig, die arm sind vor Gott; denn ihnen gehört das Himmelreich.

Selig die Trauernden; denn sie werden getröstet werden.

Selig, die keine Gewalt anwenden; denn sie werden das Land erben.

Selig, die hungern und dürsten nach der Gerechtigkeit; denn sie werden satt werden.

Selig die Barmherzigen; denn sie werden Erbarmen finden.

Selig, die ein reines Herz haben; denn sie werden Gott schauen.

Selig, die Frieden stiften; denn sie werden Kinder Gottes genannt werden.

Selig, die um der Gerechtigkeit willen verfolgt werden; denn ihnen gehört das Himmelreich.

Selig seid ihr, wenn ihr um meinetwillen beschimpft und verfolgt und auf alle mögliche Weise verleumdet werdet.

Freut euch und jubelt: Euer Lohn im Himmel wird groß sein. Denn so wurden schon vor euch die Propheten verfolgt.

Nach Lukas 6,20–23

Selig seid ihr

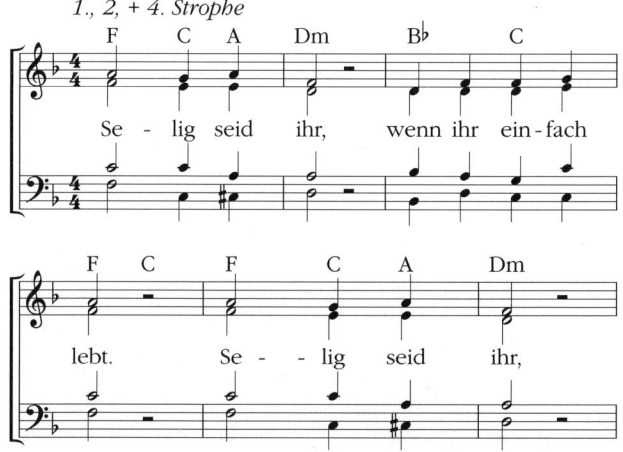

2. Selig seid ihr, wenn ihr lieben lernt.
   Selig seid ihr, wenn ihr Güte wagt.

4. Selig seid ihr, wenn ihr Frieden macht.
   Selig seid ihr, wenn ihr Unrecht spürt.

T: Friedrich Karl Barth, Peter Horst
M: Peter Janssens

Vergleiche die Seligpreisungen im Text mit denen im Lied.
Gibt es Ähnlichkeiten?

A 21

Wer ist selig?

Schreibe um die Weltkugel herum, wer in unserer Welt »selig« ist und wer sich für das Reich Gottes einsetzt.

A 22

Wo Himmel und Erde sich berühren

Es waren zwei Mönche, die lasen miteinander in einem alten Buch, am Ende der Welt gäbe es einen Ort, an dem der Himmel und die Erde sich berühren. Sie beschlossen, ihn zu suchen und nicht umzukehren, ehe sie ihn gefunden hätten. Sie durchwanderten die Welt, bestanden unzählige Gefahren, erlitten alle Entbehrungen, die eine Wanderung durch die ganze Welt fordert, und alle Versuchungen, die einen Menschen von seinem Ziel abbringen können. Eine Tür sei dort, so hatten sie gelesen, man brauche nur anzuklopfen und befinde sich bei Gott.

Schließlich fanden sie, was sie suchten, sie klopften an die Tür, bebenden Herzens sahen sie, wie sie sich öffnete, und als sie eintraten, standen sie zu Hause in ihrer Klosterzelle. Da begriffen sie: Der Ort, an dem Himmel und Erde sich berühren, befindet sich auf dieser Erde, an der Stelle, die uns Gott zugewiesen hat.

Wo Menschen sich vergessen

2. Wo Menschen sich verschenken,
   die Liebe bedenken
   und neu beginnen, ganz neu,
   da berühren sich ...

3. Wo Menschen sich verbünden,
   den Hass überwinden
   und neu beginnen, ganz neu,
   da berühren sich ...

T: Thomas Laubach   M: Christoph Lehmann

Schreibe in dieses Kästchen, wo sich in deinem Leben Himmel und Erde berühren!

A 23

Himmel und Erde

Das Gericht »Himmel und Erde« hat seinen Namen von den Zutaten, die darin verwendet werden: Äpfel wachsen »im Himmel«, also am Baum, und Kartoffeln, auch »Erdäpfel« genannt, wachsen in der Erde. In diesem Gericht wird beides miteinander verbunden.

Zwischen Himmel und Erde leben wir. Zeichen für unser Leben ist das Blut, unser »Lebenssaft«. Deshalb wird zu diesem Gericht Blutwurst gereicht.

Rezept für 4 Personen

1 kg Kartoffeln
750 g Äpfel
1 l Wasser
Salz, Zucker
1–2 Zwiebeln
100 g Speck
Blutwurst

Kartoffeln schälen, waschen und zerkleinern. Äpfel schälen, Kerngehäuse entfernen und Äpfel in Scheiben schneiden. Kartoffeln und Äpfel in den Kochtopf geben, Wasser angießen, ankochen.

15 bis 20 Minuten fortkochen und 5 bis 10 Minuten in der Nachwärme fertig garen. Kartoffeln und Äpfel zerstampfen, mit Salz und Zucker abschmecken.
Zwiebeln schälen, Zwiebeln und Speck in Würfel schneiden. Speck auslassen. Zwiebel darin andünsten.
Die Blutwurst darin braten. Das Gericht damit anrichten. Guten Appetit!

A 24

Wolkenmandala

A 25

Wolkengucken

Hast du schon einmal auf einer Wiese gelegen und dabei in die Wolken geschaut?

Manchmal sind es viele kleine Wolkenschäfchen. Dann wieder sehen sie aus wie dicke, weiche Federbetten, in die man sich hineinkuscheln möchte.

Plötzlich sieht man einen riesigen Kopf mit langem Bart, einer dicken Knollennase und sogar einem Mund. Ein kleines Wolkenloch ist das Auge. Es verschiebt sich und wird zu einem riesigen Hund. Jetzt ist es ein Löwe mit großer Mähne.

Der Wind treibt die Wolke auseinander, die Sonne brennt die Wolke fort – sie ist nicht mehr da. Aber schon kommt eine neue Wolke angesegelt. Sie sieht aus wie ein springendes Pferd und jetzt wie ein Kamel mit Höckern. Bis auch diese Wolke fort ist. Es kommen aber immer neue. Manchmal sind sie so dick, dass sie die Sonne nicht hindurchlassen.

Ursula Fack

Lies den Text oben. Hast du schon einmal etwas Ähnliches beobachtet?

Mach einmal die Augen zu und stelle dir Wolken am Himmel vor!

Dann male in das freie Kästchen deinen Wolkenhimmel.

A 26

Die leise Wolke

Eine schmale, weiße
Eine sanfte, leise
Wolke weht im Blauen hin.
Senke deinen Blick und fühle
Selig sie mit weißer Kühle
Dir durch blaue Träume ziehn.

Hermann Hesse

Lies den Text immer wieder!

Lerne das Gedicht auswendig.

Schließe die Augen und träume von deiner weißen Wolke.

Durch welche Landschaften zieht sie?

Male in die Kästchen die weiße Wolke, die am blauen Himmel über unterschiedliche Landschaften zieht!

A 27

Elija und der Regen

Elija, der Prophet, der Mann Gottes, war mit Ahab, dem König zusammen.

Elija sagte zu Ahab: »Du kannst jetzt noch nicht nach Hause fahren. Geh hinauf, iss und trink; denn ich höre das Rauschen des Regens.« Ahab wunderte sich, denn der Himmel war blau und keine Wolke war zu sehen. Aber er ging weg, um zu essen und zu trinken. Währenddessen stieg Elija mit seinem Diener auf den Berg Karmel hinauf. Er kauerte sich auf den Boden nieder und legte seinen Kopf zwischen die Knie.

Dann befahl er seinem Diener: »Geh hinauf, und schau auf das Meer hinaus!« Dieser ging hinauf, schaute hinaus und meldete: »Es ist nichts zu sehen.« Elija befahl: »Geh noch einmal hinauf!« So geschah es sieben Mal.

Beim siebten Mal meldete der Diener: »Eine Wolke, klein wie eine Menschenhand, steigt aus dem Meer herauf.« Darauf sagte Elija: »Geh und sag zu Ahab: Spanne an und fahr hinab, damit der Regen dich nicht aufhält.« Gott wollte zeigen, dass er mit Elija war.

Es dauerte nicht lange, da verfinsterte sich der Himmel durch Sturm und Wolken, und es fiel ein starker Regen. Ahab bestieg den Wagen und fuhr nach Jesreel. Gott aber war mit Elija. Er gürtete sich und lief vor Ahab her bis dorthin, wo der Weg nach Jesreel abzweigt. Trotz Regen und Sturm kamen sie wohlbehalten dort an. So zeigte Gott dem König Ahab, dass er mit Elija war.

Nach 1 Könige 18,41–46

A 28

Gott verbirgt sich in der Wolke

Gott ist groß.
Kein Mensch kann ihn anschauen.
Deshalb sagt die Bibel oft, dass Gott sich hinter
oder in einer Wolke verbirgt.
Wir lesen dort:
Eine Wolke erfüllte den Raum.
Oder:
Eine Wolke verbarg ihn vor ihren Blicken.
Oder:
Der Gipfel des Gottesberges war von einer Wolke
verhüllt.
Oder:
Gott zog dem Volk Israel in einer Wolkensäule
voran.

Die Bibel erzählt das so, weil die Menschen, die
es damals geschrieben haben, wussten:
Gott ist anders als alles,
was wir uns vorstellen können.
Kein lebender Mensch kann aushalten,
ihn anzusehen.
So viel Herrlichkeit,
so viel Liebe
so viel Güte
wie Gott sie hat, passt in kein menschliches Herz,
in keinen menschlichen Verstand.
Gott ist größer und mehr als wir uns jemals vorstellen können.

Wolke, Wolke

2. Wolke, Wolke, regne aus
   Hoffnung über unser Haus.

3. Wolke, Wolke bring zurück
   uns vom Paradies ein Stück.

4. Wolke, Wolke, zieh voran,
   bring uns ins Land Kanaan.

T: Wilhelm Willms   M: Oskar Gottlieb Blarr

A 29

Hast du schon einmal den Wind gesehen?

Hast du schon einmal den Wind gesehen?
Du kannst ihn nicht sehen.
Du kannst ihn spüren.
Du kannst sehen, was er tut.
Du kannst ihn in den Dingen sehen, die von ihm
berührt werden.
Der Wind ist eine Kraft.
Er bewegt die Wolken.
Er bewegt die Segelschiffe.

Er bewegt die Windmühlen.
Er bewegt den Ballon.
Du kannst ihn hören und sehen in den Bäumen.
Du kannst dich von ihm treiben lassen.
Du kannst sehen, wie er mit den Blättern spielt.
Oder mit den Schneeflocken.
Du kannst einen Drachen steigen lassen,
weil der Wind weht.

Male das Bild bunt.

A 30

Windbuch

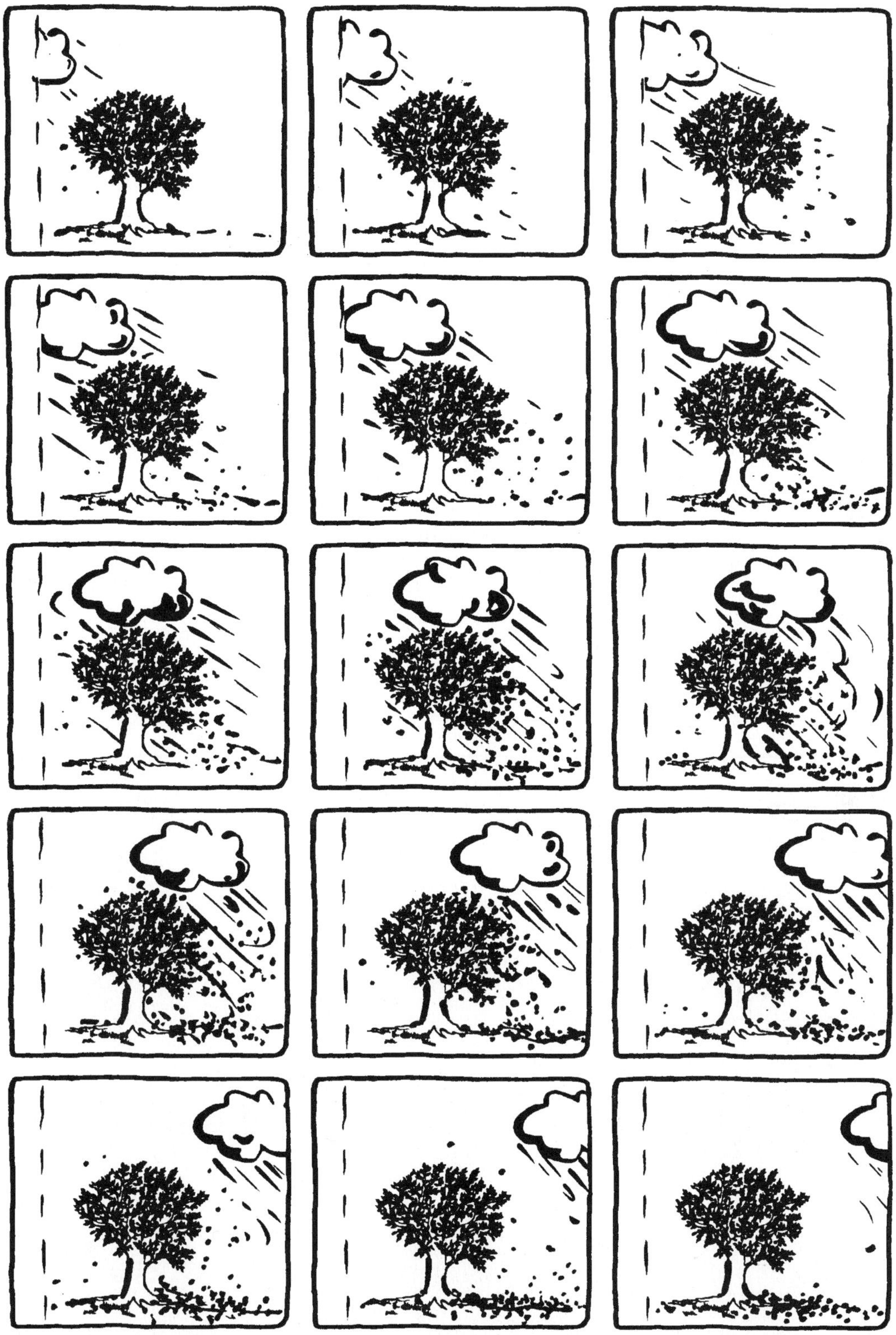

Auf dieser Seite siehst du ganz oft das Bild eines Baumes, durch den der Wind weht.
Eine Wolke wandert durch die Bilder. Schneide die kleinen Bilder aus, nachdem du sie bunt ge-malt hast, und hefte sie nacheinander zusammen. Wenn du jetzt das Buch mit dem Daumen von vorne nach hinten durchblätterst, bewegt sich die Wolke – wie vom Wind getrieben.

A 31

Der Bauer und das Wetter

Es war einmal ein Bauer, der wollte nicht mehr davon abhängig sein, wie das Wetter zufällig wurde. Er meinte, eine richtige Planung des Wetters, von Sonne und Regen würde ihm mehr Ertrag bringen. Also ging er zu Gott und sagte: »So wie du das Wetter machst, das passt mir nicht. Da ist mein Ertrag viel zu sehr von Zufällen abhängig. Lass mich doch einmal ein ganzes Jahr lang das Wetter bestimmen!«

Gott ließ sich darauf ein, und so plante der Bauer sorgfältig jeden Regentag, den Sonnenschein und die richtige Temperatur. Das Korn gedieh prächtig und wuchs heran. Der Bauer freute sich auf die gute Ernte.

Aber was musste er zu seinem Entsetzen feststellen? Keine einzige Ähre trug Frucht! Jede war leer. In seinem Übereifer hatte er den Wind vergessen.

Male in die drei Kästchen die Elemente, die wichtig sind, damit die Saat wachsen und Frucht bringen kann.

Wind, der Samen weht

1. Wind, Wind, der Samen weht, leis durch die Blätter geht. Wind, der die Sturmflut schafft: welch eine Kraft.

2. Wind, der die Mühle dreht, sacht durch die Blumen geht, Wind, der den Sandsturm schafft: welch eine Kraft!

3. Wind, der zu Pfingsten weht, durch unsre Herzen geht. Geist, der die Freude schafft: welch eine Kraft!

4. Wind, der uns treibt wie Wind, dass wir nun Boten sind. Geist, der Gemeinde schafft: welch eine Kraft!

T und M: Wolfgang Longardt

A 32

Die Eiche und das Schilfrohr

Am Ufer eines Teiches stand eine Eiche: mächtig und stolz. Sie trotzte der Sonnenhitze und beugte sich keinem Sturm, denn ihre Wurzeln reichten tief. In der Nähe wuchs ein Schilfrohr auf feuchtem Grunde. Es sah schwach und zerbrechlich aus und verneigte sich vor jedem Wind.

»Du tust mir Leid«, sagte die Eiche eines Tages. »Wärst du doch näher an meinem Stamm gewachsen, ich würde dich gerne vor den Stürmen beschützen.«

»Du bist sehr freundlich«, sagte das Schilfrohr bescheiden, »aber sorge dich nicht um mich. Kommt ein Sturm mit Gewalt, beuge ich mich bis zur Erde und lasse ihn über mich fortbrausen: Ich beuge mich, aber ich breche nicht!«

Die Eiche schüttelte trotzig ihr Haupt: »Ich leiste jedem Sturm Widerstand; niemals würde ich mich beugen!«

Ein schrecklicher Sturm kam über Nacht; er riss Blätter und Äste aus der aufrechten Eiche. Das Schilfrohr beugte sich bis zur Erde. Der Sturm wurde zum Orkan. Mit seiner ganzen Wut zerrte er am trotzigen Baum – bis er ihn samt Wurzeln aus der Erde riss.

Als das Unwetter vorüber war, stand das kleine Schilfrohr aufrecht neben dem gestürzten Riesen.

La Fontaine

Male die Eiche in das große, das Schilfrohr in das kleine Feld.

In das rechteckige Feld unten malst du, wie es nach dem Sturm aussieht.

A 33

Windrad und Windspiel

So bastelst du ein Windrad:

Schneide aus festem Papier ein Quadrat (16 x 16 cm). Falte das Papier diagonal über Kreuz (1). Schneide an den Linien von den Ecken aus das Papier ein, sodass in der Mitte ein kleines Feld übrig bleibt (2). Biege an jeder Ecke das Papier zur Mitte und klebe es an der Spitze dort fest (3). Auf die Mitte klebst du ein kleines rundes Stück Papier. Dann bohrst du durch die Mitte ein Loch. Dadurch steckst du ein Stück Draht und biegst ihn zu einer kleinen Öse über dem Karton. Das andere Ende wickelst du um einen Stock (4). Dann kann sich das Windrad im Wind drehen.

So bastelst du ein Windspiel:

Durch eine Kastanie bohrst du ein Loch. Am Ende einer 70 cm langen Schnur befestigst du bunte Bänder aus Krepppapier. Dann ziehst du die Schnur durch das Loch in der Kastanie, sodass die Enden des Krepppapiers an der Kastanie liegen. Am anderen Ende der Schnur machst du eine Schlaufe. Wenn du nun an der Schlaufe die Kastanie im Kreis drehst und herumwirbelst, entsteht durch den Wind ein Ton. Oder du lässt sie fliegen und schaust den bunten Bändern nach.

Windrad:

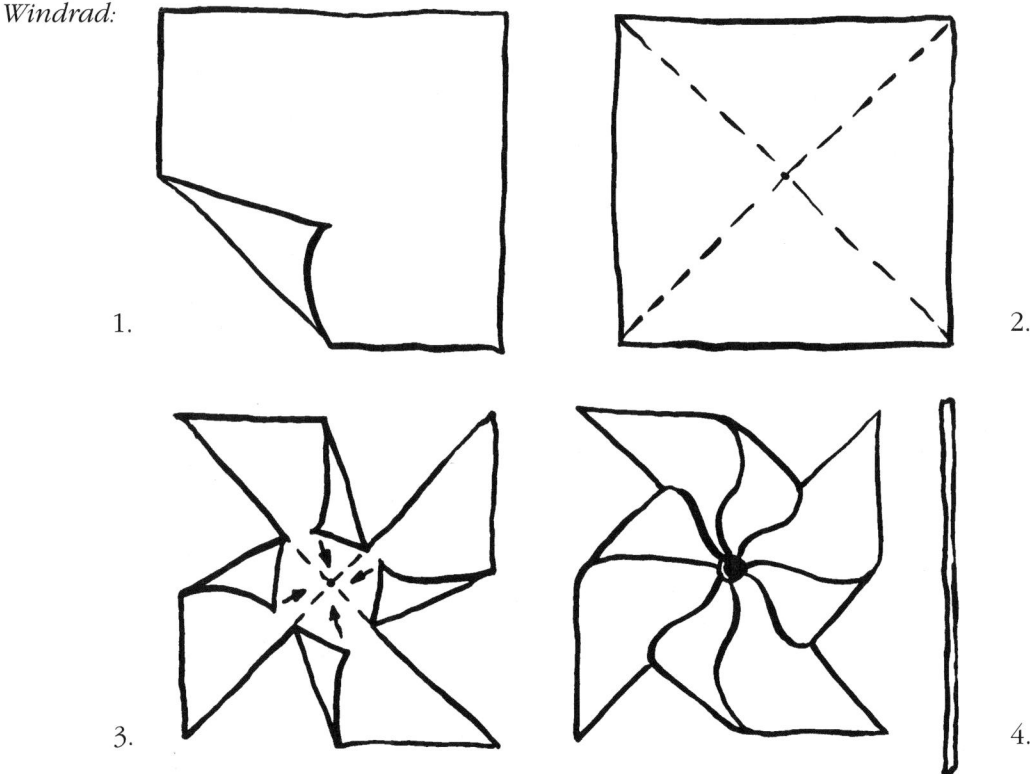

Windspiel:

A 34

Flieg, Pipa, flieg!

Eine Pipa ist ein kleiner Winddrachen, den sich Kinder in Brasilien basteln. Sie brauchen dazu ein Stück Zeitung, dünne gerade Ästchen, ein Hölzchen um den Faden aufzuwickeln, Klebestreifen und Klebstoff.

Wie auf dem Bild wird das Papier zugeschnitten. Die vier Ecken werden mit anderem Papier ver- stärkt. Die beiden Stäbchen werden auf die richti- ge Länge gebracht und zu einem Kreuz zusam- mengebunden; der Bindfaden ist sehr lang und wird am anderen Ende um das Hölzchen gewi- ckelt. Das Kreuz wird mit Klebestreifen auf dem Papier befestigt. Jetzt kannst du deinen Drachen im Wind steigen lassen!

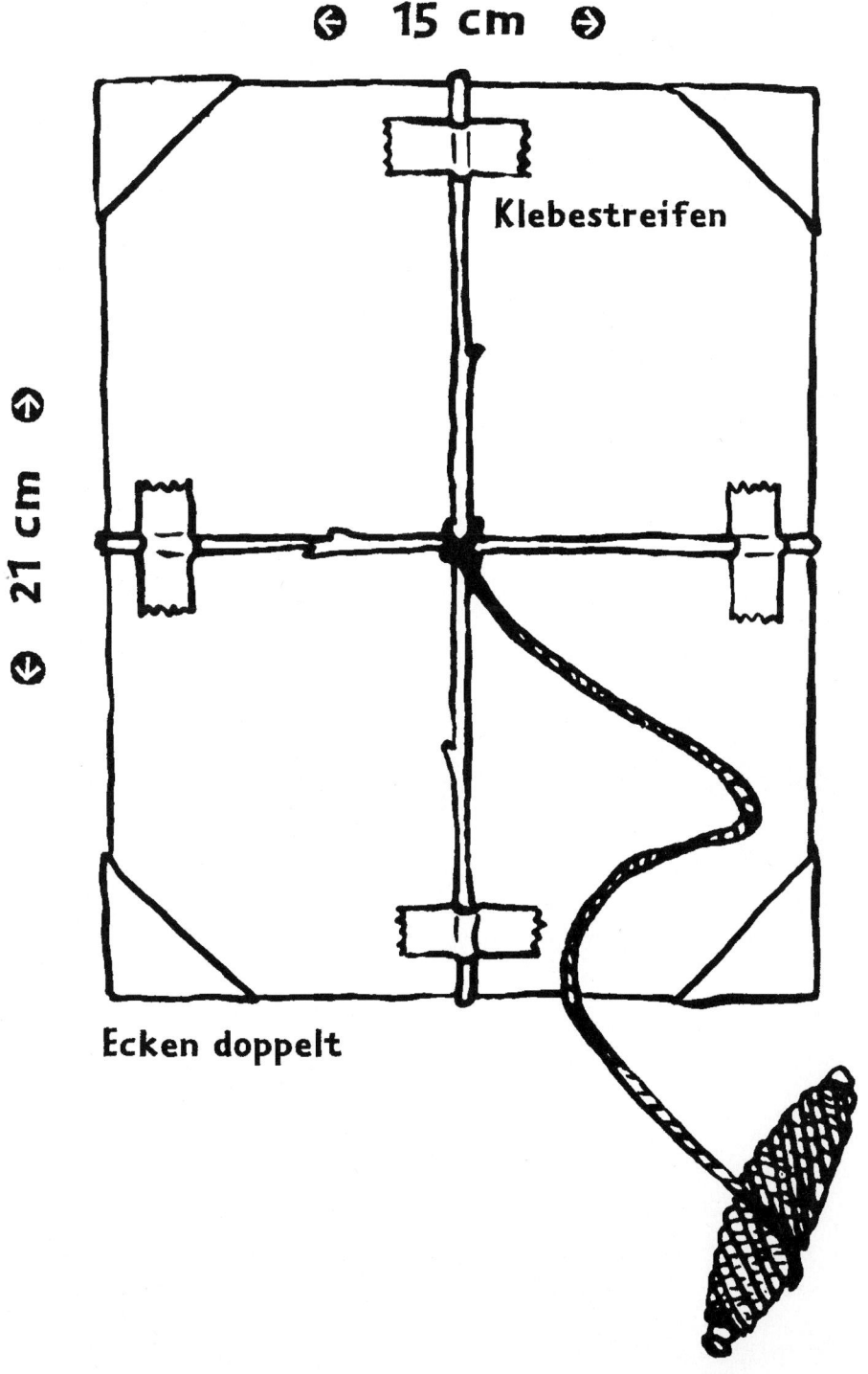

A 35

Alles ist Windhauch

In einem Buch der Bibel vergleicht der Erzähler
das Leben des Menschen mit dem Wind:
Windhauch, Windhauch,
sagte Kohelet, der Prediger.
Windhauch, Windhauch, das ist alles Windhauch.
Welchen Vorteil hat der Mensch
von all seinem Besitz,
für den er sich anstrengt unter der Sonne?
Eine Generation geht, eine andere kommt.
Die Erde steht in Ewigkeit.
Die Sonne, die aufging und wieder unterging,
atemlos jagt sie zurück an den Ort,
wo sie wieder aufgeht.
Er weht nach Süden, dreht nach Norden,
dreht, dreht, weht, der Wind.
Weil er sich immerzu dreht,
kehrt er zurück, der Wind.
Alle Flüsse fließen ins Meer,
das Meer wird nicht voll.
Zu dem Ort, wo die Flüsse entspringen,
kehren sie zurück,
um wieder zu entspringen.
Alle Dinge sind rastlos tätig,
kein Mensch kann alles ausdrücken,
nie wird ein Auge satt, wenn es beobachtet,
nie wird ein Ohr vom Hören voll.

Kohelet, 1,2–8

Überlege: Was meint der Prediger damit, wenn er
sagt: Alles ist Windhauch?
Du kannst es im Text erkennen.

Windrätsel

Aus den Silben kannst du Worte bilden, die etwas
mit Wind zu tun haben. Schreibe die Worte unten
in die Zeilen.

Wind – boot – gung – müh – Se – böe – le –
Got – Wind – vo – Stur – hauch – sen – Wind –
kraft – gel – Wind – be – tes – we – Or – Geist –
gel – kan – brau – Wind – mes – Wind

_____

_____

_____

_____

_____

_____

_____

_____

A 36

Die Geschichte vom Löwenzahn

Auf einer Wiese blühte einsam ein schöner, strahlend gelber Löwenzahn. Er fühlte sich allein auf der weiten Wiese. Er war traurig. So ging der Frühling vorbei und keiner hatte den strahlenden Löwenzahn beachtet.

Jetzt war er verblüht. Die schöne Farbe war verschwunden. Wie ein grauer Ball sah er jetzt aus mit all seinen grauen Samen. Der Löwenzahn wurde immer trauriger. Jetzt war er einsam und dazu fand er sich sehr hässlich. Er hatte sein Strahlen verloren. Er sah nicht mehr aus wie eine kleine Sonne, sondern wie eine graue Regenwolke.

Und während er so traurig dastand, kam ein Wind. Der Wind trug alle seine Samen weg. Jetzt war der Löwenzahn kahl. Und vor lauter Kummer starb er.

Das Jahr ging vorbei. Ein neuer Frühling kam. Da sah man auf der Wiese viele kleine Sonnen blühen. Die Samen, die der Wind weggeweht hatte, waren neu erwacht. Kein Löwenzahn war mehr einsam, und sie ahnten: Der Wind ist unser Freund. Er trägt uns weiter und erhält uns am Leben. Alle Menschen, die vorbeikamen, freuten sich über die vielen kleinen Sonnen.

Male eine Bildergeschichte vom Löwenzahn in die Kästchen.

A 37

Schöpfung

Im Anfang schuf Gott Himmel und Erde;
die Erde aber war wüst und wirr,
Finsternis lag über der Urflut,
und Gottes Geist schwebte über dem Wasser.
Gott sprach: Es werde Licht.
Und es wurde Licht.
Gott sah, dass das Licht gut war.
Gott schied das Licht von der Finsternis,
und Gott nannte das Licht Tag,
und die Finsternis nannte er Nacht.
Es wurde Abend, und es wurde Morgen:
erster Tag.

Dann sprach Gott:
Ein Gewölbe entstehe mitten im Wasser
und scheide Wasser von Wasser.
Gott machte also das Gewölbe
und schied das Wasser unterhalb des Gewölbes
vom Wasser oberhalb des Gewölbes.
So geschah es,
und Gott nannte das Gewölbe Himmel.
Es wurde Abend, und es wurde Morgen:
zweiter Tag.

Dann sprach Gott:
Das Wasser unterhalb des Himmels
sammle sich an einem Ort,
damit das Trockene sichtbar werde.
So geschah es.
Das Trockene nannte Gott Land,
und das angesammelte Wasser nannte er Meer.
Gott sah, dass es gut war.
Dann sprach Gott:
Das Land lasse junges Grün wachsen,
alle Arten von Pflanzen, die Samen tragen,
und von Bäumen, die auf der Erde Früchte bringen
mit ihrem Samen darin.
So geschah es.
Das Land brachte junges Grün hervor,
alle Arten von Pflanzen, die Samen tragen,

alle Arten von Bäumen, die Früchte bringen
mit ihrem Samen darin.
Gott sah, dass es gut war.
Es wurde Abend, und es wurde Morgen:
dritter Tag.

Dann sprach Gott:
Lichter sollen am Himmelsgewölbe sein,
um Tag und Nacht zu scheiden.
Sie sollen Zeichen sein
und zur Bestimmung von Festzeiten,
von Tagen und Jahren dienen;
sie sollen Lichter am Himmelsgewölbe sein,
die über die Erde hin leuchten.
So geschah es.
Gott machte die beiden großen Lichter,
das größere, das über den Tag herrscht,
das kleinere, das über die Nacht herrscht,
auch die Sterne.
Gott setzte die Lichter an das Himmelsgewölbe,
damit sie über die Erde hin leuchten,
über Tag und Nacht herrschen
und das Licht von der Finsternis scheiden.
Gott sah, dass es gut war.
Es wurde Abend, und es wurde Morgen:
vierter Tag.

Dann sprach Gott:
Das Wasser wimmle von lebendigen Wesen,
und Vögel sollen über dem Land
am Himmelsgewölbe dahinfliegen.
Gott schuf alle Arten von großen Seetieren
und anderen Lebewesen,
von denen das Wasser wimmelt,
und alle Arten von gefiederten Vögeln.
Gott sah, dass es gut war.
Gott segnete sie und sprach:
Seid fruchtbar, und vermehrt euch,
und bevölkert das Wasser im Meer,
und die Vögel sollen sich auf dem Land vermehren.
Es wurde Abend, und es wurde Morgen:
fünfter Tag.

Dann sprach Gott:
Das Land bringe alle Arten von lebendigen Wesen hervor,
von Vieh, von Kriechtieren und von Tieren des Feldes.
So geschah es.
Gott machte alle Arten von Tieren des Feldes,
alle Arten von Vieh
und alle Arten von Kriechtieren auf dem Erdboden.
Gott sah, dass es gut war.
Dann sprach Gott:
Lasst uns Menschen machen als unser Abbild,
uns ähnlich.
Sie sollen herrschen über die Fische des Meeres,
über die Vögel des Himmels,
über das Vieh,
über die ganze Erde
und über alle Kriechtiere auf dem Land.
Gott schuf also den Menschen als sein Abbild;
als Abbild Gottes schuf er ihn.
Als Mann und Frau schuf er sie.
Dann sprach Gott:
Hiermit übergebe ich euch alle
Pflanzen auf der ganzen Erde, die Samen tragen,
und alle Bäume mit samenhaltigen Früchten.
Euch sollen sie zur Nahrung dienen.
Allen Tieren des Feldes,
allen Vögeln des Himmels
und allem, was sich auf der Erde regt,
was Lebensatem in sich hat,
gebe ich alle grünen Pflanzen zur Nahrung.
So geschah es.
Gott sah alles an, was er gemacht hatte:
Es war sehr gut.
Es wurde Abend, und es wurde Morgen:
der sechste Tag.

So wurden Himmel und Erde vollendet
und ihr ganzes Gefüge.
Am siebten Tag vollendete Gott das Werk,
das er geschaffen hatte,
und er ruhte am siebten Tag,
nachdem er sein ganzes Werk vollbracht hatte.
Und Gott segnete den siebten Tag und erklärte
ihn für heilig;
denn an ihm ruhte Gott,
nachdem er das ganze Werk der Schöpfung
vollendet hatte.
Das ist die Entstehungsgeschichte
von Himmel und Erde,
als sie erschaffen wurden.

Genesis 1,1– 2,4a

A 38

Ein Loblied auf Gottes Schöpfung

Herr, unser Herrscher,
wie gewaltig ist dein Name auf der ganzen Erde;
über den Himmel breitest du deine Hoheit aus.
Aus dem Mund der Kinder und Säuglinge
schaffst du dir Lob,
deinen Gegnern zum Trotz;
deine Feinde und Widersacher
müssen verstummen.
Seh ich den Himmel, das Werk deiner Finger,
Mond und Sterne, die du befestigt:
Was ist der Mensch, dass du an ihn denkst,
des Menschen Kind,
dass du dich seiner annimmst?

Du hast ihn nur wenig geringer gemacht als Gott,
hast ihn mit Herrlichkeit und Ehre gekrönt.
Du hast ihn als Herrscher eingesetzt
über das Werk deiner Hände,
hast ihm alles zu Füßen gelegt:
All die Schafe, Ziegen und Rinder
und auch die wilden Tiere,
die Vögel des Himmels und die Fische im Meer,
alles, was auf den Pfaden der Meere dahinzieht.
Herr, unser Herrscher, wie gewaltig ist dein Name
auf der ganzen Erde!

Psalm 8

Menschenkinder auf Gottes Erde

1. Dass die Bäume hoch aufragen,
dass sie grüne Blätter tragen,
dass sie wachsen und gedeihn,
alle Bäume groß und klein.

3. Dass ein jedes Tier sein Leben,
das ihm selbst von Gott gegeben,
ungehindert leben kann,
gebt gut Acht und rührt nichts an!

4. Dass ganz rein die Bäche fließen
zwischen Feldern, zwischen Wiesen.
Sauber fließt der Fluss daher,
sauber auch das große Meer.

5. Mond und Sonne in der Ferne.
Nachts der Himmel voller Sterne.
Gott schuf diese schöne Welt,
dass es allen hier gefällt.

6. Luft zum Atmen, Brot zum Leben.
Zeit und Raum von Gott gegeben.
Und Gott spricht: »Macht euch bereit,
geht und wirket in der Zeit!«

T: Rolf Krenzer   M: Detlev Jöcker

2. Dass die Blumen jeden freuen,
dass sie wachsen und gedeihen,
dass ihr Duft bei Tag und Nacht
Gottes Schöpfung fröhlich macht.

A 39

Der Sonnengesang des Heiligen Franziskus

Gelobt seist du durch unsere Schwester Sonne.
Sie scheint für uns am Tag,
leuchtend und schön.

Gelobt seist du durch unseren Bruder Mond und
die Sterne.
Du hast sie geschaffen für die Nacht,
klar und leuchtend wie Edelsteine.

Gelobt seist du durch unseren Bruder Wind und
die Luft,
durch die Wolken und jegliches Wetter.
So erhältst du die Welt.

Gelobt seist du durch unsere Schwester Wasser.
Sie ist köstlich und rein.

Gelobt seist du durch unseren
Bruder Feuer.
Er leuchtet uns in der Nacht.
Er ist schön und freundlich,
gewaltig und stark.

Gelobt seist du durch unsere Mutter Erde.
Auf ihr wachsen Bäume und Sträucher, Kräuter
und Blumen.
Sie schenkt uns Nahrung und Freude zum Leben.

Gelobt seist du durch alle Menschen,
die den Frieden wollen und zeigen,
dass du die Menschen lieb hast.
Du bist bei ihnen,
auch wenn sie krank sind und Not leiden.

Gelobt seist du durch unseren Bruder Tod.
Alles auf der Welt vergeht, aber du
schenkst Leben, das nie aufhört.

A 40

Schöpfungsrätsel

Schreibe folgende Worte in die Kästchen:
Bäume, Tiere, Wind, Blumen,
Mond, Sonne, Sterne,
Tod, Feuer, Leid, Erde,
Wasser, Luft, Menschen, Wolken.
Kein Kästchen darf frei bleiben. Die bereits einge-
setzten Buchstaben erleichtern den Anfang.

A 41

Im Märzen der Bauer

1. Im Mär - zen der Bau - er die
er setzt sei - ne Fel - der und
Röss - lein ein - spannt; Er pflü - get den
Wie - sen in - stand.
Bo - den, er eg - get und sät und
regt sei - ne Hän - de gar früh und noch spät.

2. Die Bäurin, die Mägde, sie dürfen nicht ruhn;
sie haben im Haus und im Garten zu tun.
Sie graben und rechen und singen ein Lied,
sie freun sich, wenn alles
schön grünet und blüht.

3. So geht unter Arbeit das Frühjahr vorbei,
da erntet der Bauer das duftende Heu.
Er mäht das Getreide, dann drischt er es aus;
Im Winter, da gibt es
manch fröhlichen Schmaus.

T und M: Volksgut

Was muss der Bauer mit dem Boden tun, damit
etwas wachsen kann?
Schreibe die Worte in der richtigen Reihenfolge in
die Zeilen:
Ernten / Säen / Eggen / Pflügen
Dann versuche ein Bild zu dem Lied zu malen.

A 42

Vom Wachsen der Saat

Jesus sagte zu seinen Freunden: Mit dem Reich Gottes ist es so, wie wenn ein Mann Samen auf seinen Acker sät; dann schläft er und steht wieder auf, es wird Nacht und wird Tag, der Samen keimt und wächst, und der Mann weiß nicht, wie. Die Erde bringt von selbst ihre Frucht, zuerst den Halm, dann die Ähre, dann das volle Korn in der Ähre.

Sobald aber die Frucht reif ist, legt er die Sichel an; denn die Zeit der Ernte ist da.

Markus 4,26–29

Eine Geschichte aus China erzählt:

Da war ein Bauer, der säte Korn auf seinen Acker.
Jeden Tag ging er und schaute sich das Feld an.
Er war sehr ungeduldig.
Wann beginnt es endlich zu wachsen?, fragte er.

So machte er sich an die Arbeit.
An jedem Halm zog er ein wenig.
Abends legte er sich zufrieden schlafen.

Endlich, nach Sonnenschein und Regen,
kamen die ersten Halme hervor.
Da sagte der Bauer:
Meine Saat soll schneller wachsen.
Ich will ihr helfen.

Am nächsten Morgen ging er auf seinen Acker,
um zu sehen, wie schnell die Saat gewachsen war.
Da zog er ein langes Gesicht:
Alle Halme waren vertrocknet.

A 43

Das Gleichnis vom Sämann

Jesus wusste, dass nicht alle seine Worte hören und verstehen wollten. Deshalb erzählte er seinen Freunden diese Geschichte:

Ein Sämann, ein Bauer, ging auf sein Feld. Er säte Körner aus, damit daraus schöner Weizen werde. Als er säte, fiel ein Teil der Körner auf den Weg, und die Vögel kamen und fraßen sie.
Ein anderer Teil fiel auf felsigen Boden, wo es nur wenig Erde gab. Die Saat ging sofort auf. Als die Sonne heiß schien, vertrocknete die Saat, weil sie keine Wurzeln hatte.

Noch ein anderer Teil fiel in die Dornensträucher. Die Dornen wuchsen schneller als der Weizen und erstickten die Saat.
Der letzte Teil fiel auf guten Boden. Die Saat ging auf, wuchs der Sonne entgegen und brachte eine gute Ernte ein.
Dann sagte Jesus: »Wer Ohren hat zu hören, der höre! Nur die, die das Wort Gottes hören und danach handeln, sind wie der gute Boden, der Frucht bringt.«

Nach Matthäus 13,1–9

A 44

Dankeschön sagen wir

1. Du hast uns unser Leben und noch so viel gegeben. Ja, alles kommt von dir. Drum danken wir dafür.

Refrain: Danke schön sagen wir.

Guter Gott, danke schön, guter Gott, danke schön sagen wir dafür.

2. Du schenkst uns deine Gaben,
   dass wir zu essen haben.
   Ja, alles kommt von dir.
   Drum danken wir dafür.

3. Du lässt den Regen fallen
   und hell die Sonne strahlen. Ja, ...

4. Den Tag hast du erschaffen,
   die Nacht zum guten Schlafen. Ja, ...

5. Die Pflanzen auf den Feldern,
   die Bäume in den Wäldern. Ja, ...

6. Du lässt die Vögel singen.
   Auch unser Lied soll klingen.
   Ja, alles kommt von dir.
   Wir danken dir dafür.

T: Rolf Krenzer   M: Peter Janssens

Male in die Kästchen Bilder zu den einzelnen Strophen.

A 45

Jeder Teil dieser Erde

Die Indianer achten die Erde. Sie wissen, dass sie ihr alles verdanken, was sie zum Leben brauchen.
Auf ihr wachsen die Pflanzen und leben die Tiere, von denen sie sich ernähren.
Sie singen das Lied von der Erde:

Alles, was lebt, ist ihr Lied,
Alles, was stirbt, ist ihr Lied.
Auch der Wind, der da weht, ist ein Erdlied.
Und die Erde will all ihre Lieder singen.

Lied der Windrose

Jeder Teil dieser Erde ist meinem Volk heilig

T: *Arrow Smith (nach dem Indianerhäuptling Seattle)* M: *Stefan Vesper*

Wenn die Indianer ein Tier töten müssen, das ihnen Nahrung und Kleidung gibt, dann entschuldigen sie sich bei dem Tier. Wie der heilige Franziskus nennen sie alles, was auf der Erde ist, »Bruder« und »Schwester«.

Es tut mir Leid,
dass ich dich töten muss,
kleiner Bruder.
Aber ich brauche dein Fleisch,
denn meine Kinder hungern.
Vergib mir, kleiner Bruder.
Ich will deinen Mut, deine Kraft
und deine Schönheit ehren – sieh her!
Ich hänge dein Geweih an diesen Baum;
jedes Mal, wenn ich vorüberkomme,
werde ich an dich denken
und deinem Geist Ehre erweisen.
Es tut mir Leid,
dass ich dich töten musste;
vergib mir, kleiner Bruder.

J. Burton

A 46

Eine Hand voll Erde

1. Mit der Er-de kannst du spie-len,
spie-len wie der Wind im Sand,
und du baust in dei-nen Träu-men
dir ein bun-tes Träu-me-land.
Mit der Er-de kannst du bau-en,
bau-en dir ein schö-nes Haus,
doch du soll-test nie ver-ges-sen:
Ein-mal ziehst du wie-der aus.

Refrain: Ei-ne Hand voll Er-de, schau sie dir
an. Gott sprach einst: »Es wer-de!«
1. Den-ke da-ran. 2. Den-ke da-ran.

2. Auf der Erde kannst du stehen –
stehen, weil der Grund dich hält,
und so bietet dir die Erde
einen Standpunkt in der Welt.
In die Erde kannst du pflanzen –
pflanzen einen Hoffnungsbaum,
und er schenkt dir viele Jahre
einen bunten Blütentraum.

3. Auf der Erde darfst du leben –
Leben ganz und jetzt und hier,
und du kannst das Leben lieben,
denn der Schöpfer schenkt es dir.
Unsre Erde zu bewahren –
zu bewahren das, was lebt,
hat Gott dir und mir geboten,
weil er seine Erde liebt.

T: Reinhard Bäcker   M: Detlev Jöcker

Kinderlied

Jeder Schritt auf dieser Erde
soll ein Schritt zum Frieden sein,
dass sie Gottes Erde werde –
dazu ist kein Schritt zu klein.

Jedes Wort auf dieser Erde
soll ein Wort zum Frieden sein,
dass sie Gottes Erde werde –
dazu ist kein Wort zu klein.

Jeder Mensch auf dieser Erde
soll ein Mensch des Friedens sein,
dass sie Gottes Erde werde –
dazu ist kein Mensch zu klein.

Rudolf Otto Wiemer

A 47

Berg (Mandala)

A 48

Bergschuhe

Hast du schon einmal eine Wanderung
auf einen hohen Berg gemacht?
Da sind ganz unterschiedliche Leute unterwegs.
Stell dir vor, es sind vier.

Der Erste kommt schnell außer Atem
und wünscht sich eine Seilbahn herbei,
die ihn nach oben fährt.
Der Zweiten wird schwindlig
und sie fürchtet sich vor den steilen Abhängen.
Der Dritte ist müde und erschöpft.
Er schleppt sich von Rast zu Rast.
Die Vierte ist zielbewusst und sagt:
Der Gipfel kommt immer näher,
und geht weiter und zieht die anderen mit.

Endlich sind sie oben angekommen.
Da ist das Gipfelkreuz.
Alle haben es geschafft.
Alle sind froh und glücklich.
Die Seilbahn ist vergessen.
Der Ausblick ist wunderschön,
die tiefen Abhänge sind vergessen.
Die Müdigkeit ist verschwunden.

Jeder hat eine Mischung des Lebens erfahren:
den Weg und das Ankommen,
die Anstrengung und das Glück.

Im Bild siehst du Bergschuhe. Sie sind schon viel
benutzt worden. Stell dir vor, die Bergschuhe
könnten erzählen! Was würden sie sagen? Schreibe es neben das Bild.

A 49

Völker ziehen zum Berg des Herrn

Vor vielen tausend Jahren schon lebte das Volk Israel. Es war etwas Besonderes mit diesem Volk: Es glaubte an einen Gott und nicht an viele Götter. Deshalb hatte es in seiner Umgebung viel zu leiden.

Aber das Volk Israel hörte auf Gott. Gott sprach zu ihm durch Menschen, die man Propheten nannte. Einer dieser Propheten hieß Jesaja. Und Gott sagte durch Jesaja seinem Volk: »Einmal wird es sein, dann kommen alle Völker zu mir auf meinen heiligen Berg. Ich zeige ihnen den Weg dort-

hin. Ich werde zu ihnen sprechen und sie werden aufhören, miteinander zu streiten, einander Böses zuzufügen und Krieg gegeneinander zu führen. Alles, was böse ist, wird gut werden. Es wird die Zeit kommen, dann wird das geschehen. Aber bis dahin, du mein Volk und alle, die auf mich hören, bis dahin seid ihr es, die in meinem Licht leben. Bemüht euch also schon jetzt darum, gut zu sein und in Frieden miteinander zu leben.«

Nach Jesaja 2,1– 5

A 50

Mose auf dem Berg

Mose, der Führer der Israeliten, war auf den Gottesberg gestiegen. Gott gab ihm dort die Gebote und schrieb sie auf einer steinernen Tafel auf. Das dauerte lange. Das Volk Israel wurde unruhig. Es sagte zu Aaron, dem Stellvertreter des Mose: »Mose kommt nicht wieder. Wir wollen andere Götter haben als den Gott des Mose!«

Aaron antwortete: »Nehmt alles Gold, das ihr finden könnt und bringt es her!«

Sie sammelten alles Gold, das sie fanden. Daraus goss Aaron ein Kalb und das Volk sagte: Das sollen unsere Götter sein! Und sie bauten einen Altar für das Kalb.

Am nächsten Tag feierte das Volk ein Fest zu Ehren seines neuen Gottes.

Gott sprach auf dem Berg zu Mose: »Geh, steig hinunter, denn dein Volk, das du aus Ägypten heraufgeführt hast, läuft ins Verderben. Sie haben mich schnell verraten! Sie haben sich Götter aus Metall gegossen! Es ist ein böses Volk! Ich werde es vernichten!«

Da versuchte Mose, den Herrn, seinen Gott, zu besänftigen, und sagte: »Warum, Herr, ist dein Zorn gegen dein Volk entbrannt? Sollte alles, was bisher geschehen ist, vergeblich sein?

Lass ab von deinem glühenden Zorn, und vernichte dein Volk nicht!«

Da ließ sich der Herr von Mose besänftigen.

Mose kehrte um und stieg den Berg hinab, die Tafeln mit den Geboten in der Hand.

Von weitem schon hörte er Tanz und Geschrei. Als Mose dem Lager näher kam und das Kalb und den Tanz sah, wurde er wütend. Er schleuderte die Tafeln fort und zerschmetterte sie am Fuß des Berges. Dann packte er das Kalb, das sie gemacht hatten, verbrannte es im Feuer und zerstampfte es zu Staub.

Mose trat an das Lagertor und sagte: »Wer für den Herrn ist, her zu mir!« Da sammelten sich alle Leviten um ihn.

Dann sagte Mose: »Füllt heute eure Hände mit Gaben für den Herrn! Denn der Herr vergibt euch!«

Nach Exodus 32,1– 29

Am Berge Sinai

1. Am Berge Sinai, am Berge Sinai spricht Mose mit dem Herrn: »Wir beten keine Götzen an, wir haben dich nur gern! Wir beten keine Götzen an, wir haben dich nur gern!«

2. Am Berge Sinai, am Berge Sinai
bleibt Mose lange fort.
Die Leute werden ungeduldig:
»Hält der wohl sein Wort?«

3. Am Berge Sinai, am Berge Sinai,
da ist ein groß Geschrei:
Es kommen viele Leute
und tragen Schmuck herbei.

4. Am Berge Sinai, am Berge Sinai
glänzt bald ein großer Stier.
Es kommen viele Leute
und tanzen um das Tier.

5. Vom Berge Sinai, vom Berge Sinai
kommt Mose spät zurück.
Er sieht die vielen Leute,
hat Zorn in seinem Blick.

6. Am Berge Sinai, am Berge Sinai
fällt Mose auf die Knie.
Er bittet für die Leute:
»Herr, strafe mich für sie!«

7. Am Berge Sinai, am Berge Sinai
hat Gott sehr viel Geduld.
Es freuen sich die Leute,
vergeben ist die Schuld.

T: Dieter Trautwein   M: Seminar des ev. Stadtjugendpfarramts Frankfurt/M.

A 51

Elija auf dem Gottesberg

Elija war weit gewandert. Er war ein Mann Gottes, ein Prophet. Er war aus der Stadt geflohen. Keiner wollte ihn hören. Er wusste nicht mehr, was Gott von ihm wollte. Er kam zu einem hohen Berg. Die Menschen nannten ihn den Gottesberg Horeb, weil Gott auf diesem Berg schon zu Menschen gesprochen hatte. Elija stieg auf den Berg und verkroch sich in einer Höhle. Es war dunkle Nacht. Elija wartete. Er wartete darauf dass Gott zu ihm sprach. Da begann es heftig zu stürmen. Die Bäume bogen sich, und Elija hörte den Sturm draußen heulen. Aber Gott war nicht im Sturm. Dann begann der Boden unter Elija zu beben. Ein heftiges Erdbeben erschütterte die Höhle.

Aber Gott war nicht im Erdbeben. Da hörte Elija es draußen knistern und prasseln. Ein heller Schein drang durch den Eingang der Höhle: Die Bäume auf dem Berg standen in hellen Flammen. Aber Gott war nicht im Feuer.

Und dann – dann wurde es still. Ganz still. Ein sanfter, leiser Hauch bewegte die Blätter. Elija spürte: Jetzt war Gott da. Er stand auf. Er ging vor den Eingang der Höhle. Er verbarg sein Gesicht, denn er wusste: Jetzt wollte Gott zu ihm sprechen. Und Gott fragte ihn: »Was willst du hier, Elija?«

Nach 1 Könige 19,9a.11–13

A 52

Bergrätsel

Was steht oft oben auf einem Berg?

Erhebung in der Landschaft [1]

Worin war Gott nicht? [3]

Wer ging auf den Berg um Gott zu begegnen? [4]

Blume, die auf den Bergen wächst.

Tiere, die auf den Bergen leben. [5] [6]

Worin war Gott nicht? [7]

Worin war Gott? [8]

Ein sehr altes Gebet

Ich hebe meine Augen auf zu den Bergen:
Woher kommt mir Hilfe?
Meine Hilfe kommt vom Herrn,
der Himmel und Erde gemacht hat.
Er lässt deinen Fuß nicht wanken;
er, der dich behütet, schläft nicht.
Nein, der Hüter Israels
schläft und schlummert nicht.
Der Herr ist dein Hüter,
der Herr gibt dir Schatten;
er steht dir
zur Seite.

Bei Tag wird dir die Sonne nicht schaden
noch der Mond in der Nacht.
Der Herr behüte dich vor allem Bösen,
er behüte dein Leben.
Der Herr behüte dich,
wenn du fortgehst und wiederkommst,
von nun an bis in Ewigkeit.

Psalm 121

A 53

Verklärung auf dem Berg

Einmal ging Jesus mit seinen Freunden Petrus, Johannes und Jakobus auf einen Berg. Er wollte dort mit ihnen zu Gott, seinem Vater beten. Während er betete, sahen die drei Freunde, wie Jesus froh und glücklich wurde. Sein Gesicht veränderte sich und es ging ein helles leuchtendes Licht von ihm aus. Dann meinten sie, zwei weitere Männer zu sehen, die für die Geschichte mit Gott und seinem Volk ganz wichtig gewesen waren: Mose, der das Volk Israel aus der Sklaverei und Gefangenschaft befreit hatte, und Elija, der als Prophet den Menschen des Volkes in schwierigen Zeiten Mut gemacht hatte. Die beiden redeten mit Jesus. Alles war in ein wunderbares Licht gehüllt.

Als Petrus merkte, dass das wunderbare Ereignis vorüberging, sagte er zu Jesus: »Meister, es ist gut, dass wir hier sind. Lass uns hier bleiben. Wir wollen drei Hütten bauen, eine für dich, eine für Mose und eine für Elija.«

Während er noch redete, kam eine Wolke und warf ihre Schatten auf sie. Sie gerieten in die Wolke hinein und bekamen Angst. Da rief eine Stimme aus der Wolke: »Das ist mein auserwählter Sohn, auf ihn sollt ihr hören.«

Als aber die Stimme erklang, war Jesus wieder allein.

Dann stiegen sie wieder vom Berg herab. Die Freunde Jesu schwiegen über das, was sie gesehen hatten, und erzählten in jenen Tagen niemand davon.

Nach Lukas 9,28b–36

Einführung

Symbolkreis Himmel

Mit dem Begriff »Himmel« verbinden wir zunächst den Himmel, der sich über uns wölbt. Wenn wir uns den Himmel anschauen, dann schauen wir in die Ferne. Wir erhalten eine Ahnung von grenzenloser Weite und Unendlichkeit.

Der »Himmel« ist in unserem Dasein nicht wegzudenken. Er ist überall da, wo auch wir sind. Und doch bleibt er unerreichbar. Er ist zugleich weit weg und doch ganz nah. Das war schon so, als die Menschen sich die Erde noch als Scheibe dachten, über die sich der Himmel wölbt, aber es ist auch heute noch im Zeitalter der Flüge ins Weltall gültig.

Vielleicht wurde der Himmel deshalb auch von den Menschen zur »Wohnung Gottes« gemacht. Gott wohnt im Himmel, das bedeutet vielleicht einfach: Er ist allgegenwärtig und doch unerreichbar.

Weil Gott im Himmel wohnt, ist der Himmel auch das Symbol für Glück und Zufriedenheit, das Ziel menschlicher Sehnsucht, auch über den Tod hinaus. Manche Traditionen reden auch von verschiedenen Himmeln, in die ein Mensch gelangen kann. Daher kommt wohl die Redewendung »Ich fühle mich (wie) im siebten Himmel« als Ausdruck einer übergroßen Freude oder eines unfassbaren Glücks.

Und wenn Jesus vom Reich Gottes oder vom Himmelreich redet, wenn er es in den vielen Bildern und Gleichnissen beschreibt, dann gibt er damit den Menschen eine Zukunftsperspektive, einen Grund zur Hoffnung. Und wie der Himmel, so ist auch das Reich Gottes schon da, aber noch unerreicht.

Symbol Wolke

Wolken, das sind für den Menschen Zeichen am Himmel, die ihm näher sind als der unerreichbare Himmel mit seinen Gestirnen in weiter Ferne. Bis zu den Wolken steigen, das ist dem Menschen zumindest zeitweise möglich, wenn er auf einen Berg steigt und die Wolken tief hängen. Wolken begrenzen den Himmel, machen die Unendlichkeit erträglich. Hängen die Wolken aber zu dicht, dann engen sie ein. Wer kennt nicht die trübe Stimmung an einem grauen Tag, an dem der Himmel von Wolken verhangen bleibt.

Wolken, das sind außerdem Zeichen, die für den Menschen relativ einfach zu deuten sind, für die man keiner außerordentlichen Bildung bedarf wie etwa zur Deutung der Sterne. Wolken lassen leicht vorausschauen, ob segensreicher Regen, schönes Wetter oder Gewitter, Sturm und Bedrohung zu erwarten ist.

Wolken regen die Phantasie des Menschen an, wenn er versucht, Wolkenbilder zu deuten oder das Lichterspiel erlebt, das Sonne, Mond und Sterne mit den Wolken betreiben.

In den Naturreligionen sind die Wolken die Wohnung des »Donnergottes«, der in den altgermanischen, nordischen und indianischen Kulturen eine wichtige Rolle spielt. Sie sind aufgrund ihrer Bewegung auch sein Gefährt. Wolken als Phantasiegefährt finden wir in vielen Märchen und Geschichten.

Wolken sind Zeichen der Verhüllung. Sie verbergen etwas, z. B. die Sonne, den blauen Himmel, die Spitzen der Berge ...

Im Alten Testament ist die Wolke Zeichen der Gegenwart Gottes, der seinen Anblick vor den Menschen verbergen muss, weil Menschen Gott nie von Angesicht zu Angesicht sehen können.

Im Neuen Testament finden wir Ähnliches, wenn die Wolken in den Berichten vom Kommen des Menschensohns zum »Thron« Christi werden.

Symbol Wind

»Wind« ist ein Symbol, das Menschen sehr unmittelbar erleben und erfahren – wenn auch oft unbewusst. Wenn von »Wind« die Rede ist, dann verbirgt sich dahinter eine vielschichtige Erscheinungsform. So begegnen wir dem Wind als Luft – Atem – Säuseln – Wehen – Wind – Sturm. Er ist unsichtbar und doch spürbar, ständig vorhanden. Er umgibt uns und ist in uns als Atem, ohne den wir nicht leben können.

Erleben wir Momente der Windstille, dann wirken sie auf uns oft geheimnisvoll und bedrohlich, oft als sprichwörtlich gewordene »Ruhe vor dem Sturm«.

In seinen vielfältigen Erscheinungsformen bildet der Wind so etwas wie einen Spiegel menschlicher Gemütsverfassungen.

Atem bedeutet Leben. Atem einhauchen bedeutet Leben einhauchen, z. B. bei der Lebensrettung die Beatmung des Menschen.

Die Fähigkeit des Atmens erlaubt es Menschen und Tieren, die Welt zum Klingen zu bringen in Laut, Schrei, Sprache und Musik. Ohne Lebenshauch könnten wir nicht sprechen und singen oder gar auf Blasinstrumenten Musik machen.

Ohne Wind und Luftzug wären wir unfähig, Schwingungen zu hören oder den Geruchssinn zu betätigen. Ohne Wind könnten sich viele Pflanzen nicht fortpflanzen, da der Samen dann nicht verteilt würde. In diesen Formen ist der Wind auch ein Symbol der Kommunikation. Wenn der Wind aber in heftige Stürme übergeht, dann wird er zur Bedrohung.

Der Wind wurde von den Menschen immer schon als Macht erfahren, die Heil und Unheil bringen kann. Der Wind war in vielen Kulturen der »Atem Gottes«, der in die Welt kommt, also eine Art Kommunikationsform der Götter mit den Menschen.

Das Alte Testament spricht vom Geist Gottes oft als »ruach«, ein Begriff, in dem die Bedeutungen Wind – Sturm – Atem – Geist vereint sind. Wie der Wind, so ist auch Gott spürbar: unsichtbar und doch anwesend – manchmal sanft (Elija auf dem Gottesberg erlebt Gott als »sanftes Säuseln«), manchmal in Sturmesbrausen daher fahrend, wie es der Psalm 29 beschreibt. Bei der Erschaffung des Menschen haucht Gott Lebensatem ein.

Im Neuen Testament kommt der Geist Gottes wie ein gewaltiges Sturmbrausen zu den Menschen, das zunächst alle in Angst versetzt.

Symbolkreis Erde

Das Wort »Erde« begegnet uns meist in zweifacher Bedeutung: Zum einen sehen wir einen gepflügten Acker vor uns, der bereit ist, den Samen zu empfangen. Zum anderen denken wir an die ganze Welt: »Erde«, das ist der Name unseres heimatlichen Planeten. Der Auftrag Gottes in der Schöpfungsgeschichte lautet: »Macht euch die Erde untertan!« – gemeint ist die ganze Welt.

Wenden wir uns zunächst dem ersten Aspekt zu:

Die Farben der Erde sind je nach Landschaft sehr unterschiedlich – vom satten Dunkelbraun über Rotbraun bis hin zum Ockergelb reicht die Farbenpalette in unzähligen Abstufungen. Wenn wir das Wort »Erde« hören, dann denken wir auch an guten Mutterboden, der Pflanzen gedeihen lässt, die Nahrung für Mensch und Tier sind. Als »Mutter Erde« wird der Ackerboden in vielen Dichtungen und Liedern besungen. »Mutter Erde« – so nennen auch die Indianer die Erde, die ihnen die Nahrung gibt. In vielen anderen Kulturen wurde »Die große Mutter« verehrt. Diese Bezeichnung macht deutlich, dass die Erde stets mit der weiblichen Fruchtbarkeit verbunden wurde, ohne die Leben nicht möglich ist. Die Erde wurde verbildlicht dargestellt in den weiblichen Göttinnen der Fruchtbarkeit, die den Samen in sich tragen und im Verborgenen den Samen wachsen und reifen lassen.

In den frühen Ackerbaukulturen waren es die Frauen, die den Ackerboden bearbeiteten, während die Männer auf die Jagd gingen oder Krieg führten. Die Fruchtbarkeit der Erde wurde mit der Fruchtbarkeit der Frau gleichgesetzt. Die Frauen waren es auch, die zuerst Gefäße und Plastiken aus Erde, aus Ton schufen.

Die Menschen in den frühen Kulturen stellten sich Gott als Töpfer vor, der aus Lehm, Ton oder Staub die Erde und den Menschen bildet. Diese Vorstellung konnte es aber erst dann geben, als das Töpferhandwerk von Männern ausgeübt wurde. Wir finden sie z. B. in vielen Mythen und Märchen der Indianer und anderer Naturvölker, aber auch im Alten Testament (Gen 2) und im Koran (Sure 82,7–9: »Allah hat den ersten Menschen aus Lehm gebildet, geformt und ihn in eine Gestalt gefügt.«). Entscheidend für das Lebendigwerden der geformten Gebilde ist die Belebung durch den Geist Gottes bzw. das Einhauchen des Lebensatems.

Neben der mütterlichen Fruchtbarkeit, die Leben schenkt, ist die Erde in vielen Kulturen auch die große Mutter, die den Menschen nach seinem Tod wieder zu sich nimmt. In alten Weltvorstellungen befindet sich unter der Erde, das Totenreich. Daher sind Erdspalten und Höhlen in den Vorstellungen vieler Kulturen Eingänge zur Unterwelt, in christlichen Vorstellungen sind sie Eingänge zur Hölle: Die Erde öffnet sich und verschlingt die Bösen.

Dass wir im Tod zur Erde zurückkehren, ist auch im christlichen Begräbnisritual enthalten. Ebenso finden wir es wieder in der liturgischen Formel, die bei der Austeilung des Aschenkreuzes gesprochen wird: »Gedenke Mensch, dass du Staub bist und zum Staub zurückkehrst!«

Die Erde als eines der vier Elemente hat in Verbindung mit dem Element Wasser heilenden Charakter: Bis heute nehmen Menschen in Kuren Moor- und Schlammbäder; essigsaure Tonerde wurde und wird als Heilmittel verwendet. In der Erzählung von einer Blindenheilung im Neuen Testament macht Jesus aus Erde und Speichel einen Teig, der dem Blinden auf die Augen gelegt wird und bei der Heilung mitwirkt.

Der andere Aspekt führt uns die Erde als Planeten vor, als die ganze Welt mit allem, was auf ihr lebt. Diese gesamte Erde ist es, die Gott dem Menschen anvertraut hat. Erde, das ist die Schöpfung Gottes – wie sie in der Bibel bezeichnet wird. Diese Mutter Erde ist bedroht. Sie, die Leben schenkt, wird von den Menschen zerstört. Deshalb ist das Leitwort von der Bewahrung der Schöpfung so wichtig, die bis heute »seufzt und in Geburtswehen liegt«, wie der Apostel Paulus im Römerbrief schreibt, bis sie ihre Vollendung im Reich Gottes erfährt.

Symbol Berg

Wie viele andere Ursymbole ist auch der Berg ein ambivalentes Symbol: In ihren gewaltigen Ausmaßen versperren Berge den Blick, scheinen ihre Felsmassen den Menschen zu erdrücken. Berge können so eine Bedrohung der Freiheit bedeuten. Manche Berge galten früher als unüberwindlich und unbesteigbar. Solche Berge schienen ein Geheimnis zu hüten, wie etwa bis in unsere Tage hinein die Sage von dem geheimnisvollen Schneemenschen »Yeti« im Himalayagebirge zeigt. In dieser Form ist der Berg ein Symbol für Größe und Stärke, Härte und Ausdauer, das dem Menschen vor Augen führt, wie klein und winzig er ist.

Auf der anderen Seite bildeten Berge für viele Menschen eine Herausforderung. Den Gipfel eines Berges zu besteigen ist für viele das schönste Erlebnis, das sie sich vorstellen können. Da sind die Strapazen des Aufstiegs bis zum Gipfel, das Gefühl, etwas Großes »geschafft« zu haben. Da ist der Blick von oben herab auf die Welt, die auf einmal winzig klein erscheint. Man hat den Überblick, und ein Gefühl von Freiheit und Macht stellt sich ein.

Heute wissen wir um die Geschichte der langsamen Entstehung der Berge im Laufe der Jahrmillionen. Dieses Wissen ist aber nicht geprägt von einer sichtbaren Erfahrung. Und deshalb vermitteln Berge etwas von der Zuverlässigkeit des »Schon-immer-Dagewesenen«. Durch ihr ständiges, unbewegliches Dasein vermitteln sie etwas Dauerhaftes, das dem Leben der Menschen auch Sicherheit bieten kann.

Solche Bergerfahrungen und die schlichte Tatsache, dass Berge dem Himmel näher sind und man zu ihnen aufschauen muss, mögen mit ein Auslöser dafür gewesen sein, dass Berge für viele Menschen, Kulturen und Religionen der Sitz der Götter oder die Wohnung Gottes waren. In Mythologien gibt es heilige Berge; auf den Berggipfeln finden sich Kultorte und Opferstätten, und auch in unserer Zeit ist ein Gipfelkreuz ein vertrauter Anblick. Manche Götter haben selbst den Beinamen »Großer Berg«, und in der Bibel finden wir öfter die Aussage »Gott ist ein starker Fels«. Berge sind Orte, die die Verbindung zwischen Himmel und Erde bilden. Bis auf die Berggipfel steigen die Götter hinab, wo die Menschen ihnen begegnen können, wenn sie zu ihnen hinaufsteigen.

Eine daraus hervorgehende Vorstellung in manchen Kulturkreisen ist die von Bergen als Ort der Weltmitte. Man will die Gottheit einladen, inmitten der Menschen zu wohnen. Da, wo der Gottesberg ist, ist jeweils die Mitte des Volkes, die Mitte der Erde.

In Märchen sind Berge oft Orte, die geheimnisumwittert sind: In Höhlen und unzugänglichen Innenräumen werden verzauberte Menschen gefangen gehalten, oder sie bergen kostbare Schätze. Oder Berge erscheinen als Orte der Einsamkeit und Öde, in die hinein der Held oder die Heldin geworfen wird.

In der Bibel werden uns Berge als Orte der Gottesbegegnung beschrieben: Im Alten Testament will Abraham seinen Sohn Isaak auf dem Berg opfern und begegnet Gott. Mose steigt auf den Berg und empfängt die Zehn Gebote. Elija begegnet Gott auf dem Berg; auf dem Berg Zion wird der Tempel Salomos errichtet. Der Berg Zion wird für das Volk Israel zum heiligen Berg, der in den Psalmen oft besungen wird.

Im Neuen Testament führt der Versucher Jesus auf einen Berg. Jesus zieht sich auf den Berg zurück, um allein zu sein, er predigt vom Berg aus, auf dem Berg wird er verklärt, auf einem Berg stirbt er. Vor seiner Rückkehr zum Vater sendet er die Jünger von einem Berg aus in die Welt.

Viele Kirchen und Altarräume sind wie »heilige Berge« gestaltet, zu deren Gipfel Stufen führen.

Der Himmel, den wir sehen

A 1 Himmel (Mandala)

Das Arbeitsblatt A 1 lädt ein, vom Himmel zu träumen, sich vorzustellen, was alles am Himmel zu sehen ist und bei ruhiger Musik das Mandala auszumalen. Im Bild sind die Naturelemente des Himmels zu sehen wie: Wolke, Regenbogen, Sonne, Mond und Sterne. Vielleicht malen die Kinder auch andere Dinge hinein: Flugzeuge, Vögel, Luftballons ...

Ideensammlung zum Thema Himmel:
Impulsfrage: Was fällt euch ein, wenn ihr an »Himmel« denkt?
Die Äußerungen der Kinder aufschreiben. Die verschiedenen Bedeutungen von »Himmel« herausarbeiten.

Vom Himmel träumen bei Musik
Material: Kassettenrekorder, Musik, evtl. Wolldecken
Alle legen sich im Kreis auf den Rücken. (Wenn kein Teppichboden da ist, Wolldecken ausbreiten.) Alle schließen die Augen und träumen: Wir schauen in den Himmel.
Dazu ein ruhiges Musikstück auswählen, z. B.
– Anton Dvorak, Sinfonie Nr. 9 e-moll »Aus der Neuen Welt«, 2. Satz: Largo;
– Franz Schubert, Sinfonie Nr. 8 h-moll »Die Unvollendete«, 2. Satz: Andante con moto.

A 2 Gott erschafft den Himmel

Das Arbeitsblatt A 2 gibt die Erschaffung des Himmels und der Erde aus dem ersten Schöpfungsbericht wider.
Dieser Text soll durch das Malen, evtl. bei leiser Musik verinnerlicht werden.

A 3 Himmelsmobile

Mit den Ausschneidefolien von A 3 können verschiedene Dinge gestaltet werden:

Ein »Himmelsmobile« basteln
Material: Bindfäden, buntes Tonpapier, blaues Krepppapier, Klebstoff
Die Vorlagen werden als Schablonen angefertigt, die dann auf entsprechend farbigen Tonkarton (Regenbogen) oder Tonpapier (Rest) übertragen werden.
Der Regenbogen wird evtl. etwas größer gestaltet als auf der Vorlage, je nachdem wie viele Sterne daran hängen. Durch die fertigen Mobileteile wird ein Bindfaden gezogen (in unterschiedlicher Länge) und am unteren Rand des Regenbogens befestigt.
Dann werden dazwischen längere Streifen aus blauem Kreppapier in unterschiedlichen Blautönen geklebt.

Den Himmel gestalten
Material: bunte Tücher, gelbes Tonpapier
Die Mitte des Kreises ist mit einem großen blauen Tuch ausgelegt.
Aus dem gelben Tonpapier Sterne und evtl. den Mond schneiden. Mit anderen Tüchern und mit den gebastelten Sternen wird der »Himmel« jetzt gestaltet und ausgeschmückt: weiße Tücher als Wolken, gelbe Tücher als Sonne und Mond, bunte Tücher als Regenbogen ...

Einen Wandteppich als Himmel gestalten
Material: grobes Sackleinen o. Ä. im Format 1 x 1 m (oder größer), dicke Wolle, Filz und Stoffreste in den Farben Blau und Gelb (evtl. bunte für einen Regenbogen), dicke Stricknadeln, Nähgarn und Nähnadel
Das Sackleinen bildet den Untergrund. Auf diesen Untergrund werden blaue Stoffreste genäht, sodass er ganz mit unterschiedlichen Blautönen bedeckt ist. Darauf werden Sonne, Mond, Sterne, Wolken und Regenbogen mit der dicken Wolle gestickt oder mit den Stoffresten genäht.

Stilleübung: Die Reise in den Himmel
Alle sitzen (oder liegen) im Kreis in einem Raum oder im Freien auf einer Wiese. Im Raum hängt in der Mitte über einem hellblauen Tuch ein Mobile mit allem, was am Himmel zu sehen ist. L spricht (evtl. zu leiser Musik):

In der Mitte sehen wir den Himmel angedeutet. Wir wollen heute eine Traumreise in den Himmel machen.
Wir legen uns auf den Rücken.
Wir schließen die Augen und liegen ganz still.
Wenn es ruhig ist um uns,
können wir unsere Traumreise beginnen.
Vor unserem inneren Auge sehen wir
den blauen Himmel.
Die Sonne scheint,
eine kleine, weiße Wolke fliegt dort oben.
Ich möchte gerne mitfliegen.
Langsam schweben wir der Wolke entgegen.
Jetzt ist sie ganz nah.
Auf dem Bauch lege ich mich darauf.
Ich segele auf meiner Wolke davon.
Viele andere Wolken sind da.
Sie sehen aus wie Watte.
Der Himmel ist blau und klar.
Aber immer noch ist er weit weg.

Die Sonne wärmt uns.
Sie färbt sich rot und vergeht.
Jetzt wird der Himmel dunkel. Es wird kalt.
Wir legen uns auf den Rücken
und kuscheln uns tief in die warme Wolke hinein.
An den vielen Sternen fliegen wir vorbei.
Und dann ist da der Mond.
Wie eine Sichel sieht er aus.
Der Himmel ist dunkelblau und schwarz.
Immer noch ist er weit weg.

Wie weit der Himmel ist – ob wir ihn je erreichen?
Und wieder geht die Sonne auf. Es wird warm.
Über uns wölbt sich der grenzenlose, weite Himmel.
Wir schauen nach unten.
Da liegen die Städte und Dörfer,
die Felder, Wiesen und Wälder.
Winzig klein.

So weit sind wir schon in den Himmel geflogen,
und doch sind wir noch nicht angekommen.
Immer ist der Himmel da.
Erreichen können wir ihn nie.

Unter uns liegt unser Dorf,
unsere Stadt, unser Haus.
Wir gleiten von unserer Wolke herab
und schweben wieder hinunter,
bis in unseren Raum (auf unsere Wiese) hier.
Jetzt sind wir wieder angekommen.
Wir öffnen die Augen.

(Siehe auch die Arbeitsblätter zu Sonne, Mond, Sterne, Regenbogen in »Symbolkreis Licht«.)

A 4 Ein altes Gebet

Das Arbeitsblat A 4 greift die ersten Verse von Psalm 19 auf. Er erzählt von der Herrlichkeit Gottes, die größer und weiter ist als der Himmel.
In einem Tafelbild kann herausgearbeitet werden, welche Elemente vom »Himmel« und welche Ausdrücke hier verwendet werden. In einem zweiten Teil kann herausgearbeitet werden, was hier über Gott ausgesagt wird.

Tafelbild:

Text	Aussage über Gott
Himmel	Herrlichkeit
Firmament	Weite
Tag	Größe
Nacht	Herr über die Zeit
Sonne	Er gebietet auch über die große Sonne.
Himmel = Zelt	Er überspannt alles.

In einem anschließenden Unterrichtsgespräch kann herausgearbeitet werden, wie wir uns Gott vorstellen. Anschließend wird das Gebet gemeinsam gesprochen. Neben die einzelnen Teile können die Kinder darstellen, wovon gerade die Rede ist:
– Firmament: dunkler Himmel mit Mond und Sternen
– Tag und Nacht: Bild zweiteilen in Hell und Dunkel
– Sonne.

A 5 Himmelsrätsel

Das Arbeitsblatt A 5 bietet noch einmal eine Zusammenfassung der Elemente, die den Himmel bilden, und dessen, was sie bewirken. In die entsprechenden Symbole werden die unten angegebenen Worte eingetragen. Dann kann das Blatt noch farbig gestaltet werden.

A 6 Der graue und der blaue Himmel

Das Arbeitsblatt A 6 führt den Kindern vor Augen dass es Tage gibt, an denen die Sonne scheint und Tage, an denen der Himmel grau verhangen ist.
Im Unterrichtsgespräch kann herausgearbeitet werden, warum das Kind traurig und warum es hinterher vielleicht nicht mehr traurig ist. Dabei kann auf eigene Erfahrungen der Kinder zurückgegriffen werden.

Verklanglichung zur Geschichte

Vorstellung:	*Verklanglichung:*
Blauer Himmel	*Beckenschlag*
Grauer Himmel	*Dumpfe Töne auf Pauke oder Handtrommel*
Weiße Wolken	*Glockenspielmelodie, tiefe Töne, langsam*
Kalt	*Klangstäbe*
Traurig	*Langsame, tiefe Töne auf dem Xylophon*
Blaues Loch im grauen Himmel	*Dumpfe Töne auf der Pauke oder Handtrommel, dazu leise Triangeltöne, die laut und leiser werden (auch mehrere Triangeln)*

Malen zur Geschichte
Material: Papier, Wachsmalkreiden, Wasserfarben
Ein Blatt Papier wird mit Wasser ganz blau grundiert, evtl. mit einer Sonne darin. Wenn die Farbe getrocknet ist, wird das ganze Blatt mit grauer Wachsmalkreide möglichst dick übermalt. Anschließend werden mit einem Schaber einige graue Flecken herausgekratzt, sodass der blaue Untergrund stellenweise wieder durchschimmert.

Der Himmel als Wohnung Gottes

A 7 Wo wohnt Gott?

Das Arbeitsblatt A 7 stellt die Frage nach der Wohnung Gottes. Wenn wir sagen: Gott wohnt im Himmel, dann müssen wir das Symbol Himmel verstehen. Hierbei kann noch einmal eine Ideensammlung zum Himmel stattfinden, die zu der Erkenntnis führen soll, dass der Himmel überall ist und wir ihn doch nie erreichen.
Der Text auf der linken Seite beschreibt diese Erkenntnis und kann an die Ideenbörse anknüpfen. Die Geschichte »Gott wohnt, wo man ihn einlässt« stellt die Frage nach der Gegenwart Gottes in unserem Leben und Alltag. Sie könnte vertieft werden durch ein Unterrichtsgespräch, in dem erarbeitet wird, wo unter uns sichtbar werden kann, dass Gott da ist (Beten, Nächstenliebe ...). Um die Geschichte zu verinnerlichen, kann sie als Handpuppenspiel oder einfach mit verteilten Rollen gelesen werden.

Das Lied kann dann als Zusammenfassung miteinander gesungen und getanzt werden.

Tanzbeschreibung:
Alle stehen im Kreis, die Hände durchgefasst.
Teil 1:　Die Arme mit den durchgefassten Händen heben.
Teil 2:　Die Hände über dem Kopf wie ein Dach zusammenfügen und sich um sich selbst drehen.
Teil 3:　Die Hände in Kopfhöhe durchfassen und rechtslinks im Rhythmus wiegen.
Teil 4:　Weiter wiegen, dabei die Arme senken.

Als Kanontanz können bis zu vier kleine Kreise gebildet werden.

A 8 Weißt du, wo der Himmel ist?

Die Frage »Weißt du, wo der Himmel ist?« setzt die Symbolsprache vom »Himmel« als Wohnung Gottes voraus. Er vertieft den Ansatz von A 7 noch einmal in Text und Lied. Im Unterrichtsgespräch kann nach dem Text erarbeitet werden, wie Augen und Herz sehen und fühlen müssen, um Gott zu erkennen.

Puppenspiel: Wir brauchen andere Augen
Mit zwei Stabpuppen oder Tücherpuppen wird das Gespräch zwischen Mutter und Kind in einem Kasperletheater oder einer selbst gebastelten Puppenbühne gespielt. (Puppenbühne: Aus einem großen Karton im Boden die Fläche entfernen, aber ca. 3 cm Rand lassen. Den Karton mit dieser Öffnung nach vorne auf einen Tisch stellen, den Tisch vorne mit einer Decke verhängen.)

Tanzbeschreibung zum Lied:
Aufstellung im Kreis, Front nach innen, mit größerem Abstand, sodass jeder die Arme ausbreiten kann, ohne den Nachbarn zu berühren. Schrittfolge: halbe Noten, zwei Schritte pro Takt.
1. Zeile:　Vier Schritte in die Mitte, dabei Hände ganz nach oben strecken.
2. Zeile:　Vier Schritte nach außen, dabei Hände senken.
3. Zeile:　Arme nach rechts und links ausstrecken, dabei vier Schritte auf der Stelle wiegen.
4.–5. Zeile:　Acht Schritte im Kreis drehen.
In jeder Strophe die Schrittfolge wiederholen.

A 9 Christi Himmelfahrt

Das Arbeitsblatt A 9 erzählt die Geschichte von Christi Himmelfahrt, von der Rückkehr Jesu zu seinem Vater. Aufgrund der vorhergehenden Arbeitsblätter können die Kinder das Symbol »Himmel« als Wohnung Gottes einordnen. Dieses Wissen wird durch die Stilleübung vertieft und mit »Christi Himmelfahrt« in Verbindung gebracht.

Stilleübung: Himmelfahrt
Alle sitzen im Kreis. L spricht:

In der Mitte seht ihr ein blaues Tuch.
Es hat die Farbe des Himmels,
wenn keine Wolken ihn verdecken.
Auf dem Tuch liegt ein Kreuz.
Es erinnert uns an Jesus.
Jesus hat seine Freunde gesegnet
und ist zu seinem Vater zurückgekehrt.
Er ist in den Himmel aufgefahren, sagen wir.
Der Himmel, das ist die Wohnung Gottes.
Es ist ein Bild dafür.
Der Himmel ist überall.
Du kannst ihn immer sehen.
Selbst wenn Wolken davor sind,
ist er sichtbar.
Aber selbst wenn du bis zum Mond fliegst:
Du kannst den Himmel nicht anfassen.
Du kannst ihn nicht erreichen.
Trotzdem ist er da.
Deshalb sagen wir:
Gott wohnt im Himmel.
Das heißt: Gott wohnt überall.
Jesus ist Gott.
Er ist zu seinem Vater zurückgekehrt.
Deshalb ist er bei uns wie Gott.
Er ist bei uns in seinem Heiligen Geist.
Er wohnt in den Bäumen, den Blumen,
den Sträuchern und Feldern.
Er wohnt in den großen und kleinen Tieren.
Er wohnt in jedem Menschen.
Gott wohnt in deinem Herzen.
Wenn wir versuchen, das nicht zu vergessen,
dann können wir nur gut zueinander
und zu Gottes guter Schöpfung sein.

A 10 Wiederkunft Christi

Das Arbeitsblatt A 10 erzählt von der Wiederkunft Christi, wie sie uns verheißen ist. Von den bedrohlichen Zeichen am Himmel ist dort die Rede, aber auch vom Reich Gottes, das danach vollendet sein wird.
In einer Stilleübung mit Gestaltung, die im Anschluss verklanglicht wird, kann dieses Geschehen verständlicher gemacht werden.

Stilleübung: Wenn Jesus wiederkommt

Alle sitzen im Kreis. In der Mitte liegt unter einem Bild mit Sonne, Mond und Sternen ein Baum aus Tüchern, mit Blättern und Früchten. Dazwischen steht eine brennende Jesuskerze. L spricht:

Wir schauen in die Mitte.
Wir sehen den Himmel.
Am Himmel sind Sonne, Mond und Sterne.
Wir freuen uns, wenn wir sie sehen.

L legt ein dunkles Tuch über den Himmel.

Jesus sagt: Wenn ich wiederkomme,
dann wird es erst ganz dunkel.
Man sieht die Sonne nicht mehr.
Man sieht die Sterne nicht mehr und den Mond.
Aber dann wird es ganz hell,
weil mein Vater, Gott, allen Menschen Licht ist.
Wir glauben:
Weil Gott uns lieb hat,
fühlen wir uns hell und warm.

L nimmt das dunkle Tuch wieder vom Himmel herunter und spricht:

Seht den Baum in der Mitte an!
Ihr kennt den Frühling,
wenn die Blätter und die Blüten wachsen.
Den Sommer, in dem die Früchte reifen.
Wenn die Blätter vom Baum fallen, wissen wir:
Es ist Herbst.
Jesus sagt: Lernt vom Baum: An ihm seht ihr,
welche Jahreszeit es gerade ist.

So sollt ihr auch erkennen,
wenn Gott möchte, dass ihr gut seid.
Seid wach und aufmerksam!
Alle Menschen werden erleben,
wenn ich wiederkomme.
Alles vergeht.
Aber wer bei Gott ist wird, immer da sein.

Verklanglichung der Stilleübung:

Text	*Verklanglichung*
Himmel	Mit den Fingerkuppen über eine Handtrommel fahren.
Sonne	Cymbeln nicht zu heftig aneinander schlagen.
Mond	Schlag auf einer großen Triangel (nicht zu laut)
Sterne	Im oberen Winkel einer Triangel schnell hin und her schlagen (leise).
Es wird dunkel.	Dumpfe Töne auf einer großen Pauke oder einer Handtrommel mit Watteschlegeln
Es wird hell.	Immer lauter werdender Schlag von innen nach außen mit einem Filzschlegel auf dem hängenden Becken
Weil Gott uns lieb hat, fühlen wir uns hell und warm.	Eine kleine Melodie auf dem Glockenspiel
Baum	Eine einfache Melodie auf dem Xylophon
Der Baum treibt Blätter.	Das Wachsen mit immer lauter werdenden Rumbarasseln imitieren.
Blüten kommen.	Einzelne Töne auf dem Glockenspiel
Der Baum trägt Früchte.	Einzelne Töne auf dem Metallophon
Die Blätter fallen vom Baum.	Einzelne Töne abwärts auf dem Xylophon
Der Baum ist kahl.	Harte Schläge mit den Klanghölzern
Wer bei Gott ist, wird immer da sein.	Alle Stabspiele spielen eine Melodie, dazu spielen die Instrumente, die Sonne, Mond und Sterne, Blätter, Blüten und Früchte dargestellt haben.

A 11 Der neue Himmel, die neue Erde

Das Arbeitsblatt A 11 beschreibt den neuen Himmel und die neue Erde, wie sie uns in der Offenbarung des Johannes überliefert ist. Damit bildet es die Überleitung zum nächsten Thema: Der Himmel – das Reich Gottes.
Im Unterrichtsgespräch kann herausgearbeitet werden, dass das Reich Gottes schon mit Jesus begonnen hat, aber noch auf seine Erfüllung wartet. Dabei kann eine Gegenüberstellung als Tafelbild hilfreich sein:

Das Reich Gottes wird Wirklichkeit, wenn ...	Das Reich Gottes ist nicht da, wenn ...
– Menschen einander Gutes tun – Menschen sich gegenseitig trösten ...	– Gewalt herrscht – Menschen gegeneinander Krieg führen ...

Collage: Reich Gottes
Material: Zeitungen/Illustrierte, Scheren, Klebstoff, heller und dunkler Bogen Tonpapier
Aus Zeitungen werden Bilder und Überschriften herausgeschnitten, die auf der einen Seite beschreiben, wie das Reich Gottes im Guten verwirklicht wird und auf der anderen Seite beschreiben, was verhindert, dass das Reich Gottes kommt. Die guten Dinge werden als Collage auf ein helles Plakat gestaltet, die schlechten Dinge auf ein dunkles Plakat geklebt.

Textpuzzle: Vaterunser
Das Vaterunser als Gebet Jesu, das alle Christen verbindet, spricht viel vom »Himmel« und bittet ganz konkret um das Kommen des Gottesreiches. Die einzelnen Teile des Gebets werden auf Papierstreifen geschrieben. Die Kinder ordnen diese Teile in der richtigen Reihenfolge an. Anschließend können sie die Aussagen bunt malen, die vom Himmel oder vom Reich Gottes handeln. Dadurch wird dieser Aspekt noch einmal verstärkt.

Tanzbeschreibung: Der Himmel geht
Aufstellung auf der Kreisbahn, Front zur Mitte. Schrittfolge: Viertelnoten.
1. Teil: Arme heben.
2. Teil: Jeder dreht sich um sich selbst, am Ende Arme senken.
3. Teil: Acht kleine Schritte in die Mitte, dabei Arme heben.
4. Teil: Acht kleine Schritte nach außen, dabei Arme senken.

Himmel – Reich Gottes

A 12 Wie stellst du dir den Himmel vor?

Das Arbeitsblatt A 12 lädt dazu ein, sich selbst eine Vorstellung von dem zu machen, was man sich unter dem Himmel vorstellt. Man kann mit den Fragen auch ein Interview, eine Umfrage bei Mitschüler(inne)n und Lehrer(inne)n oder zu Hause anregen. Die Ergebnisse werden untereinander ausgetauscht und um ein Kreuz mit Sonne geschrieben.

A 13 Schatz und Perle

Das Arbeitsblatt A 13 erzählt das Gleichnis Jesu vom Schatz im Acker und von der kostbaren Perle. Im Unterrichtsgespräch sollte herausgearbeitet werden, welche Dinge uns im Leben wichtig sind, d. h. welche kostbaren Perlen oder Schätze wir haben. Weiter sollte darüber gesprochen werden, warum das Reich Gottes für uns wie ein solcher Schatz oder eine solche Perle ist.

Stilleübung: Schätze fürs Leben
L spricht:

Wir setzen uns ganz ruhig hin.
Wir schließen die Augen.
Wir atmen langsam und tief.
Alle unsere Gedanken kommen zur Ruhe.

Unser Kopf wird frei.
Jetzt öffnen wir unsere inneren Augen.
Wir sehen Dinge und Menschen,
die ganz wichtig sind für unser Leben.
Es können viele Menschen sein.
Es können viele Dinge sein.
Manche sehen wir immer wieder.
Sie sind besonders wichtig für uns.
Zum Schluss bleibt nur noch ein Bild übrig.
Wir schauen es noch eine Weile
mit geschlossenen Augen an.
Dann öffnen wir die Augen.
Ich lasse jetzt eine Schale mit Perlen herumgehen.
Jedes Kind nimmt sich bitte eine Perle.
Nacheinander dürft ihr jetzt
zum Schatzkästchen in der Mitte gehen.
Ihr legt die Perle zum Kästchen und sagt:
Ich lege ... hinein.
Dabei nennt ihr das, was ihr vor eurem inneren Auge
zuletzt gesehen habt.

A 14 Schatzkisten füllen

Das, was im Unterrichtsgespräch zu A 13 erarbeitet worden ist, kann hier auf A 14 noch einmal vertieft und für die Kinder anschaulich gemacht werden. Sie können in die Schatzkisten entweder schreiben oder malen, je nach Wunsch und Vermögen.

A 15 Das Gleichnis vom Sauerteig

Das Arbeitsblatt A 15 greift das Himmelreichgleichnis Jesu vom Sauerteig auf. Es wäre schön, wenn den Kindern durch das eigenhändige Backen mit Sauerteig seine Bedeutung für das Brot deutlich gemacht werden könnte. Während die Kinder das Bild ausmalen, sollte leise Meditationsmusik gespielt werden, um eine ruhige Atmosphäre herzustellen.

A 16 Das Gleichnis von den klugen und törichten Jungfrauen

Das Arbeitsblatt A 16 erzählt das Himmelreichgleichnis von den klugen und den törichten Jungfrauen. Hier wird die Frage aufgegriffen, wo wir wachsam dafür sein können, dass das Reich Gottes Wirklichkeit wird. Zeichen der Wachsamkeit ist die brennende Öllampe, die die Kinder auf diesem Blatt ausmalen können. Vielleicht kann man zum Einstieg in den Unterricht auch ein kleines Öllämpchen mitbringen, mit den Kindern Öl hineinfüllen, um so zu zeigen, wie es funktioniert.

A 17 Klug sein – dumm sein

Das Arbeitsblatt A 17 vertieft noch einmal die Geschichte und den Gedanken von A 16. Den brennenden Öllampen sind hier Öllampen gegenübergestellt, die nicht brennen. Miteinander kann im Unterrichtsgespräch erarbeitet werden, was wir tun können, damit wir Zugang zum Reich

Gottes haben, also »klug« sind. Dem gegenüber kann erarbeitet werden, was uns daran hindert, in das Reich Gottes zu gelangen, wann wir »dumm« sind.

Die beiden Aspekte können in einem Tafelbild gegenübergestellt werden:

Klug sein	Dumm sein
Mit Gott leben	Gott vergessen
An ihn denken	Ohne Gott leben
Beten	Streit
Loben	Gemeinheit
Danken	Nur auf sich sehen
Bitten	...
Zum Gottesdienst gehen	
Gutes tun	
Anderen beistehen	
...	

Danach tragen die Kinder die für sie selbst wichtigsten Dinge in das Arbeitsblatt bei den entsprechenden Lampen ein.

A 18 Talente

Das Arbeitsblatt A 18 erzählt das Gleichnis von den Talenten. Es geht darum, zu entdecken, wie der/die Einzelne das, was er oder sie von Gott an Fähigkeiten geschenkt bekommen hat, für das Reich Gottes einsetzen kann.

Spiel zur Geschichte

(Zum Erzählverlauf pantomimisch spielen.)
Da war ein Mann, der hatte viel Geld.
Ein Kind stellt sich in die Mitte zum Tuch und legt Bauklötze darauf.
Eines Tages sagte er: Ich will verreisen.
Dazu muss ich Geld mitnehmen.
Aber alles brauche ich nicht.
Er rief seine Diener:
Kommt her, ... *(hier werden Namen von drei Kindern eingefügt)! Die Kinder kommen in die Mitte.*
Hier habt ihr Geld.
Dir, N. N., gebe ich fünf Geldstücke.
Dir, N. N., gebe ich zwei Geldstücke.
Dir, N. N., gebe ich ein Geldstück.
Jedes der Kinder bekommt entsprechend viele Bauklötze.
Macht etwas daraus, bis ich wiederkomme!

N. N. hat 5 Geldstücke erhalten. Er/Sie war fleißig und hatte nachher noch einmal fünf dazu bekommen.
N. N. hat 2 Geldstücke erhalten. Er/Sie war fleißig und hatte nachher noch einmal zwei dazu bekommen.
N. N. hat 1 Geldstück bekommen. Er/Sie schaut sich um. Er/Sie hat Angst. Es könnte am Ende jemand kommen und ihm/ihr das Geldstück stehlen.
Also nimmt er/sie das Geldstück und vergräbt es.
Das Kind versteckt seinen Bauklotz unter dem Tuch.

Dann kommt der Mann von seiner Reise wieder.
Die Diener zeigen, was sie jetzt haben.
Die Kinder zeigen ihre Bauklötze.
Er lobt N. N. und N. N., denn sie haben das, was er ihnen gegeben hat, verdoppelt. N. N. aber sagt: Hier hast du

dein Geldstück wieder. Ich habe es vergraben, damit es dir nicht verloren geht.
Das Kind zeigt das eine Geldstück.
Da sagt der Mann: Du bist ein fauler und schlechter Diener. Geh, ich kann dich nicht mehr brauchen.
Das eine Geldstück aber gibt er dem, der die zehn Geldstücke hatte.
Das Bauklötzchen wird an das Kind mit den zehn Bauklötzen gegeben.

Stilleübung: Das kann ich

Alle sitzen im Kreis. In der Mitte brennt eine Kerze auf einem Tuch. L spricht:
Wir schauen eine Weile in die Mitte.
Wir versuchen, ganz still zu werden.
Nur noch wir sind da.
Gott möchte, dass sein Reich Wirklichkeit wird.
Alle Menschen sollen froh und glücklich werden.
Niemand soll mehr traurig sein.
Wir alle sollen mithelfen,
damit das jetzt schon geschehen kann.
Jedem hat Gott besondere Fähigkeiten geschenkt.
Dir auch.
Vielleicht kannst du andere gut trösten.
Vielleicht kannst du gut Frieden stiften,
wenn andere sich streiten.
Vielleicht kannst du gut singen, Musik machen, malen oder Theater spielen, um andere zu erfreuen.
Vielleicht kannst du gut rechnen, schreiben und lesen oder überhaupt lernen.
Damit kannst du später helfen, dass die Menschen gut leben können, egal, in welchem Beruf du arbeiten wirst.
Vielleicht bist du gut im Sport. Dann kannst du anderen helfen und Vorbild sein.
Jedem hat Gott etwas geschenkt.
Was hat er dir geschenkt?
Denke darüber nach!

Nach der Stilleübung kann L die Kinder dazu auffordern, ihre Fähigkeiten in das freie Feld zu schreiben.

A 19 Die drei Schlüssel zum Himmel

Das Arbeitsblatt A 19 erzählt in einer Geschichte davon, wie wir das »Tor« zum Himmel durch gute Werke finden können.
Zum Einstieg in die Geschichte evtl. Schlüsselblumen oder ein Bild davon mitbringen.

Schattenspiel zur Geschichte

Kulisse: Hoher Berg mit drei »Himmelstoren«, die geöffnet und geschlossen werden können; Königsschloss, Blume »Himmelsschlüssel«
Figuren: König, weiser Mann, Engel, Mädchen, Wolf, Höflinge, Gärtner, Unkraut
Ein weißes Betttuch wird auf einen Holzrahmen gespannt, in einer Größe nach eigener Wahl. Figuren und Kulissen aus Pappe entsprechend der Größe der Leinwand herstellen. Die Figuren werden am unteren Rand mit Stäben versehen, die ein Führen hinter der Leinwand ermöglichen.
Für die Darstellung ist es hilfreich, vorher genau zu überlegen, an welcher Stelle die jeweilige Kulisse stehen oder

die Figur agieren soll. Dann kann zur Geschichte, die vorgelesen wird, gespielt werden.

Schattenspiel am Tageslichtprojektor

Hier können Kulissen und Figuren in entsprechender Größe aus Zeitungspapier gerissen, dem Erzählverlauf folgend auf den Tageslichtprojektor gelegt und an die Wand projiziert werden.

Verklanglichung zur Geschichte

Evtl. die Geschichte beim zweiten Lesen mit Orffinstrumenten verklanglichen. Für jede handelnde Person, Tier oder Pflanze wird ein bestimmtes Instrument bzw. eine bestimmte Melodie herausgesucht.

Im Arbeitsblatt können die Situationen, in denen der König die Schlüssel zum Himmel findet, von den Kindern gezeichnet werden. Im Unterrichtsgespräch wird die Situation des Königs auf unsere Situation übertragen: Wie können wir Schlüssel zum Himmel finden?

A 20 Selig seid ihr

Das Arbeitsblatt A 20 beschreibt in den Seligpreisungen das Heil, das durch das Reich Gottes den Menschen zuteil wird. Selig sind die Notleidenden und Unterdrückten und die, die sich im Geiste Jesu Christi für das Reich Gottes einsetzen. Das Lied greift die Seligpreisungen in anderen Worten auf und überträgt sie auf uns.

Tanzbeschreibung: Selig seid ihr

Aufstellung im Kreis in der Kreismitte, alle sind in der Hocke, Hände durchgefasst.
Takt 1–2: Langsam aufstehen, dabei Hände heben.
Takt 3–4: Vier Schritte langsam rückwärts gehen.
Takt 5–6: Handfassung lösen, erhobene Arme ausbreiten, dabei um sich selber drehen.
Takt 7–8: Zurück in die Mitte zur Ausgangsposition.
In allen Strophen wiederholen.

A 21 Wer ist selig?

Das Arbeitsblatt A 21 lädt noch einmal dazu ein, konkret zu überlegen, wer nach den Worten Jesu »selig« sein wird und in das Reich Gottes kommt.

Als Hinführung zur Erarbeitung des Arbeitsblattes kann im Unterrichtsgespräch folgendes Tafelbild erstellt und ausgearbeitet werden:

Jesus sagt	Wer ist das heute
Selig, die arm sind vor Gott	Menschen, die sich selbst nicht so wichtig nehmen; Menschen, die dankbar sind
Selig die Trauernden	Menschen, die einen Menschen durch den Tod oder durch Trennung verloren haben

Selig, die keine Gewalt anwenden	...
Selig, die hungern und dürsten nach der Gerechtigkeit	
Selig die Barmherzigen	
Selig, die ein reines Herz haben	
Selig, die Frieden stiften	
Selig, die um der Gerechtigkeit willen verfolgt werden	
Selig seid ihr, wenn ihr um meinetwillen beschimpft und verfolgt und auf alle mögliche Weise verleumdet werdet.	

Im Arbeitsblatt selber können die Kinder dann noch konkreter werden.

A 22 Wo Himmel und Erde sich berühren

Das Arbeitsblatt A 22 greift noch einmal den Gedanken auf, dass das Reich Gottes, der Himmel, schon in unserem Alltag beginnt. Das Lied konkretisiert diesen Gedanken. Im Unterrichtsgespräch kann versucht werden, diese Gedanken ganz konkret in das eigene Leben zu übertragen.

Tanzbeschreibung: Da berühren ...

Aufstellung: Kreisform/Front zur Kreismitte, Hände durchgefasst. Schrittfolge: Viertelnoten.
Strophen: Alle bleiben stehen und wiegen auf der Stelle (halbe Noten).
Refrain:
1. Teil: Die Hände heben (»... da berühren sich«) und bei dem Wort »Erde« wieder senken, dabei mit dem Wort »Himmel« beginnend acht Schritte nach rechts gehen (Viertelnoten), dann auf der Stelle wiegen (halbe Noten): rechts-links-rechts. Mit dem Gewicht auf dem rechten Bein verlagert einen Moment stehen bleiben, bis der zweite Teil beginnt.
2. Teil: Wie 1. Teil, nur links herum, am Ende wiegen: links-rechts, links-rechts, Ausgangsstellung.

A 23 Himmel und Erde

Das Arbeitsblatt A 23 beschließt mit einem Rezept zum Kochen des Gerichts »Himmel und Erde« das Symbol »Himmel – Reich Gottes«.

Wolken

A 24 Wolkenmandala

Das Arbeitsblatt A 24 führt in einem Mandala, das die Kinder zu ruhiger Musik ausmalen können, in das Symbol Wolke ein.

Wolkenbilder

Wir hören eine leise Musik.
Zu dieser Musik stellen wir uns verschiedene Wolkenbilder vor. Dazu schließen wir die Augen. Wenn wir die Musik zum zweiten Mal hören, malen alle ihre Wolkenbilder dazu gemeinsam auf einen großen Bogen Papier.

Wolkenformen-Klangbilder

Verschiedene Formen von Wolken werden angesehen, in der Natur, auf Fotos, Zeichnungen.
Zu jedem Wolkenbild wird ein Klangbild mit Orffinstrumenten erstellt, das zur Wolkenform und -farbe passt (kleine, leichte Schäfchenwolken, Haufenwolken, graue Nebelwolken, schwarze Gewitterwolken ...).

Wolken stellen sich vor

Wolken bestehen aus Wasser und Luft. Je höher die Wolken sind, desto mehr bestehen sie aus Eis. Man unterscheidet die Wolken nach der unterschiedlichen Höhe, in der sie vorkommen.
Hohe Wolken entstehen in 7 bis 13 km Höhe. Dort ist es bis − 40 °C kalt. Diese Wolken sehen wie ein durchsichtiger Schleier oder wie ganz kleine weiße Schäfchen aus.
Mittelhohe Wolken entstehen in 2 bis 7 km Höhe. Manchmal sehen sie wie weiße Schäfchen aus, manchmal sind sie so dicht, dass der Himmel ganz grau ist.
Niedere Wolken hängen ganz tief; sie verdecken manchmal die Berge. Sie sehen selber aus wie riesige weiße, graue oder schwarze Berge. Manchmal legen sie einen dunkelgrauen Schleier über das Land, aus dem es dauernd regnet.
Nach einem Gespräch über unterschiedliche Erscheinungsformen von Wolken schreiben die Kinder eine Wolkenform mit buntem Stift auf einen breiten Papierstreifen. Sie heften sie auf graue/weiße schwarze Tücher, die sie sich umhängen. Alle bewegen sich zunächst nach Musik frei im Raum umher. Dann bleiben alle im Hintergrund stehen. Eine Wolke tritt vor und sagt: »Ich bin die ... Wolke. Wenn ich am Himmel erscheine, dann wissen die Menschen: Es gibt Regen (schönes Wetter, Sturm ...)!«
Dann tritt die Wolke zurück, die Musik beginnt wieder, alle gehen umher, bis die nächste Wolke vortritt.

A 25 Wolkengucken

Im Text erzählt das Arbeitsblatt A 25 vom »Wolkengucken, bei dem man der Phantasie freien Lauf lässt. Wenn es möglich ist, kann man mit den Kindern im Sommer auf eine Wiese gehen. Jedes Kind sucht sich einen Platz und legt sich auf den Rücken. Dann schaut es in die Wolken und denkt sich etwas aus, was die Wolken darstellen können. Später können die Wolken in das freie Feld auf dem Arbeitsblatt gemalt werden.

Wolkengeschichten erzählen

Alle sitzen auf einer Wiese und schauen in den Himmel, an dem unterschiedliche Wolken zu sehen sind. Die Wolken sehen aus wie Menschen/Tiere/Dinge. Eine(r) beginnt eine Geschichte zu erzählen, z. B.: »Siehst du da oben den Wal? Er schwimmt im blauen Meer.« Ein(e) andere(r) setzt fort: »Jetzt begegnet er einem Heringsschwarm«, ... usw.

Wolken-Rußdias

Material: Dia-Deckgläser, Kerze, Zahnstocher, Tesafilm, Diaprojektor
Ein Dia-Deckglas aus der Halterung lösen, mit einer Pinzette über einer Kerze mit Ruß schwärzen, darin mit einem Zahnstocher o. Ä. verschiedene Wolkenformen einritzen.
Dann das bemalte Dia mit einem freien Deckglas zudecken, mit Tesafilm zusammenkleben und durch einen Diaprojektor betrachten.

Collage: Wolkenhimmel

Material: ein großer Bogen blaues Tonpapier oder blauer Stoff, Watte, weicher weißer Stoff, schwarze Aquarell- oder Wasserfarben, Pinsel
Auf einen himmelblauen Untergrund (Tonpapier oder Stoff) werden mit Watte und weißem Stoff verschiedene Wolkenformen geklebt. Anschließend vorsichtig mit Schwarz- und Grautönen (Wasserfarbe) einfärben.

Fensterbild gestalten

Material: weißer Fotokarton, blaues Transparentpapier, Butterbrotpapier, Schere, Klebstoff
Aus weißem Fotokarton ein Transparentbild gestalten, das verschiedene Wolkenformen enthält. Den Hintergrund mit blauem Transparentpapier auslegen, die Wolken mit Pergamentpapier (Butterbrotpapier). Für ein Fensterbild ist es gut, die Schablone doppelt auszuschneiden und das Transparentpapier dazwischen zu kleben.

Wolkenhimmel gestalten

Material: blaue, graue, weiße, schwarze, gelbe, orange, rote Tücher
Mit den Tüchern werden auf himmelblauem Untergrund unterschiedliche Wolkenbilder nacheinander gelegt, mit Sonnenstrahlen und bunten Rändern.

A 26 Die leise Wolke

Das Gedicht von Hermann Hesse auf dem Arbeitsblatt A 26 lädt zu einer Traumreise ein. Die Kinder können in einer Stilleübung von einem Wolkenschloss träumen und das dann malen oder bei leiser Musik still werden und davon träumen, durch welche Landschaften die kleine Wolke zieht. Diese Landschaften können dann in die kleinen Flächen gezeichnet werden.

Stilleübung: Vom Wolkenschloss träumen

Jedes Kind hat Stifte und ein Blatt Papier vor sich liegen. In der Mitte liegen auf einem blauen Tuch Fotos von unterschiedlichen Wolken. L spricht:

In der Mitte sehen wir viele Wolken dargestellt.
Heute wollen wir eine Reise zum Wolkenschloss machen.

Wir schließen die Augen und beginnen zu träumen.

Am Himmel sehen wir die Wolken –
groß, dick und bauschig ziehen sie dahin.
Immer dichter werden sie.
Wir werden ganz leicht.
Im Traum beginnen wir zu schweben,
den Wolken entgegen.
Der Himmel wird immer dunkler und grauer.
Jetzt haben wir die Wolken erreicht.

Sie hüllen uns ganz ein, wie in einen Nebel.
Aber wir steigen weiter.
Und jetzt müssen wir die Augen fest zumachen,
so hell wird es auf einmal.
Wir sind über die Wolken hinaufgeklettert,
und jetzt scheint die Sonne.

Im Traum schauen wir uns um und sind erstaunt:
Die Wolken unter und neben uns sehen aus
wie ein wunderschönes Märchenschloss.
Die Sonne lässt alles golden erscheinen.
Ständig baut sie an dem Schloss.
Hier kommt ein Giebel weg,
dort ein kleiner Edelstein hinzu.
Grenzenlos weit ist es hier über den Wolken.
Das Bild nehmen wir in uns auf.

Wir nehmen es mit,
wenn wir jetzt wieder sanft hinuntergleiten –
durch die Wolkendecke hindurch –
der Erde entgegen.
Wer wieder hier angekommen ist, kann die Augen öffnen
und mit den Stiften vor sich ein Wolkenschloss auf das
Blatt malen.

Wolkenmobile basteln
Material: weißes Tonpapier, Watte, Mobilestäbchen, Bindfaden, Klebstoff, Schere
Aus weißem Tonpapier werden fünf verschieden geformte Wolken doppelt ausgeschnitten. Zwei gleiche Wolkenteile werden aufeinander geklebt und dazwischen ein Bindfaden befestigt. Die Wolken werden an dünnen Holzstäbchen befestigt und durch Verschieben ins Gleichgewicht gebracht.

A 27 Elija und der Regen

Das Arbeitsblatt A 27 erzählt, wie Elija den Regen und den Sturm voraussagt, der sich mit einer kleinen weißen Wolke über dem Meer ankündigt.

Verklanglichung:
Die Geschichte wird gelesen. Jeder Person wird eine bestimmt Melodiefolge zugewiesen.

Vorstellung:	Verklanglichung:
Elija	*Melodiefolge Metallophon*
Ahab	*Melodiefolge Xylophon*
Rauschen des Regens	*Reiben der Fingernägel und -kuppen auf einer Handtrommel*

Gehen	*Holzblocktrommel*
Meer	*Glissando auf Stabspielen*
Kleine Wolke	*Leichte Schläge mit Watteschlegel auf Handtrommel*
Sturm	*Rasseln, Nachahmen mit der Stimme*
Wolken	*Handtrommeln, Schlagen (weiche Schlegel) und Reiben mit der Handfläche*
Regen	*Trommeln mit den Fingerkuppen auf Hohlräume oder Handtrommeln*

A 28 Gott verbirgt sich in der Wolke

Das Arbeitsblatt A 28 weist darauf hin, dass in der Bibel die Wolke das Zeichen der Anwesenheit Gottes ist, der sich dahinter den Menschen offenbart und zugleich verbirgt, damit die Menschen seine Anwesenheit aushalten können.

Wolkenschatten
Material: Zeitung, Tageslichtprojektor
Aus Zeitungspapier werden verschiedene Wolkenformen gerissen (nicht größer als DIN-A6-Papier). Dann werden die verschiedenen Wolken auf einen Tageslichtprojektor gelegt und als Wolkenschatten an die Wand projiziert.

Tanzbeschreibung zum Lied:
Aufstellung: Kreisform, Front zur Mitte, Arme um die Schultern gelegt. Schrittfolge: halbe Noten.
Refrain: Alle gehen mit Beistellschritten (rechts gehen, links anstellen) nach rechts.
1. Strophe: Alle gehen zur Mitte und stellen sich ganz dicht zusammen.
2. Strophe: Alle strecken die Hände zum Himmel und gehen einen Schritt nach hinten.
3. Strophe: Alle drehen sich um und gehen vier Schritte nach außen.
4. Strophe: Alle fassen die Hände und gehen im Kreis.

Wind

A 29 Hast du schon einmal den Wind gesehen?

Das Arbeitsblatt A 29 führt in Text und Bild in das Symbol Wind ein. Im Unterrichtsgespräch kann in einem Brainstorming erarbeitet werden, wer und was alles vom Wind bewegt wird. Die Kinder stellen sich vor, wie es ist, wenn der Wind weht. Dabei kann folgende Stillübung helfen:

Stilleübung: Wind und Luft.
Alle sitzen im Kreis. L spricht:

Wir schließen die Augen und träumen vom Wind.
Wir stehen im Haus vor der Haustür.
Wir öffnen die Türe und spüren den ersten Lufthauch.

Geh hinaus!
Du spürst die Luft.
Sie dringt in dich ein.
Du spürst den Atem.
Er strömt in dich ein.
Er kommt aus dir heraus.
Du kannst leben.
Geh hinaus, wenn der Wind weht!
Du spürst seine Kraft.
Er kann wehen, brausen, stürmen.
Er kann dich streicheln.
Er kann deinen Drachen steigen lassen.
Er lässt die Blätter wirbeln.
Er bewegt die Wolken.
Du kannst dich von ihm treiben lassen.
Der Wind sagt:
Ich bin leise und laut.
Ich kann säuseln und pfeifen.
Ich kann kühlen und blasen.
Ich bin sanft und wild.

Schwester Ester Kaufmann

Aus: Der Sonnengesang des Heiligen Franziskus, RPA-Verlag, Landshut 1983.

Jetzt kann ein »Windlied« gesungen werden.

Wind, Wind, Wind, der, ach, so vie-les schafft!

Wind, Wind, Wind, wo-her ist dei-ne Kraft?

Kommt und singt und staunt mit mir.

T und M: Wolfgang Longardt
Rechte beim Autor

Tanzbeschreibung:
Aufstellung in kleinen Gruppen zu viert, die linken Hände in der Mitte gefasst, Front zur Kreisbahn. Schrittfolge: Viertelnoten.
1. Teil: Die kleinen Gruppen drehen sich rechts herum um ihre Achse, die durch die linken Hände gebildet werden. Am Ende Drehung und rechte Hände in der Mitte zusammenhalten.
2. Teil: Links herum drehen, wie oben.
3. Teil: Front zur Kreismitte. Hände zum Kreis durchfassen und rechts oder links herum hüpfen.

Die Kinder entdecken und benennen die Dinge, die vom Wind abhängig sind oder ihn darstellen. Dann malen sie bei leiser Musik das Mandala aus.

Verklanglichung: Wind
Zunächst werden verschiedene Arten von Wind benannt (sanft streichelnd, Sturm, Orkan, Wind in den Blättern, über dem Meer) und aufgeschrieben. Dann werden die Arten ausgewählt, die verklanglicht werden sollen, und anschließend suchen alle gemeinsam für jede Art die richtigen Instrumente/Geräusche.

Windspiele (Ballett)
Material: viele bunte Tücher, Musik
Dinge, die vom Wind bewegt werden, werden benannt und unter die Mitspieler/innen verteilt. Zum Verdeutlichen der Rolle bekommt jede/r ein farbiges Tuch. Mögliche Rollen sind z. B. Wolken, Bäume, Wasser, Gräser, Blätter, Blumen.
Die Musik, zu der das Spiel als Ballett getanzt werden soll, wird angehört und dann die Reihenfolge des Erscheinens, die Art der Bewegung, der Ort auf der Bühne oder Spielfläche besprochen und ausprobiert. Dann wird zur Musik gespielt, Frederic Chopin, Grande valse brillante.

A 30 Windbuch

Das Arbeitsblatt A 30 bietet in einem kleinen »Windbuch« die Möglichkeit darzustellen, wie der Wind eine Wolke bewegt. Da auf dem Bild ein Baum im Wind zu sehen ist, bietet es sich an, zur Einstimmung folgende Stilleübung durchzuführen:

Baum im Wind (Einschwingen)
L spricht:

Alle verteilen sich im Raum.
Wir schließen die Augen.
Wir stellen uns vor, wir sind Bäume,
die sich im Wind bewegen.

Ein Musikstück kann die Vorstellung erleichtern, bei dem sich die Kinder wie ein Baum im Wind wiegen können. Eine weitere Möglichkeit der Einstimmung ist es, davon zu träumen, wie sich eine Wolke vom Wind am Himmel vorantreiben lässt.

A 31 Der Bauer und das Wetter

Das Arbeitsblatt A 31 zeigt eine weitere Wirkung des Windes: Er trägt die Samen der Bäume und Pflanzen weiter und bestäubt die Blüten, damit sie Frucht bringen können. Hier wird der Wind als lebenswichtiges Element im Zusammenspiel mit Sonne und Regen dargestellt. Diese Elemente sollten im Unterrichtsgespräch herausgearbeitet und dann in Wort oder Bild in die drei freien Kästchen übertragen werden.
Zum Lied können die Kinder sich frei im Raum bewegen. Das Lied greift zum einen die in der Geschichte genannte Bedeutung des Windes auf, erzählt in der zweiten Strophe, was er sonst noch bewirkt, um in der dritten und vierten Strophe das Symbol »Wind« auf den Heiligen Geist zu übertragen. (Die Geschichte von Pfingsten wird im Heft »Symbolkreis Licht«, A 29 erzählt und bildet die Voraussetzung für das Singen der dritten Strophe. In unserem

Zusammenhang sollte besonders auf das Symbol »Sturm und Wind« als Erscheinungsweise des Heiligen Geistes eingegangen werden.) In der vierten Strophe wird das Wirken des Heiligen Geistes für die Ausbreitung des Evangeliums beschrieben. Sie kann im Zusammenhang mit der Geschichte vom Löwenzahn (A 36) gesungen werden.

A 32 Die Eiche und das Schilfrohr

Die Geschichte von A 32 zeigt symbolisch auf, wie wir Menschen uns angesichts der »Stürme unseres Lebens« verhalten können. Im Unterrichtsgespräch sollte anhand eines Tafelbildes erarbeitet werden, wie sich die Eiche und wie sich das Schilfrohr dem Sturm gegenüber verhält:

Eiche	Schilfrohr
Groß Stark Unbeweglich Starr	Klein Biegsam Beugt sich mit dem Wind

Weiterführend kann auf die symbolische Bedeutung für unser Leben hingewiesen werden. Dazu kann man eine schwierige Situation herausgreifen, die die Kinder nachvollziehen können und die zu den »Stürmen des Lebens« gehört. Dann kann man sich fragen: Wie würde sich eine »Eiche« und wie ein »Schilfrohr« verhalten?

Menschen wie eine Eiche	Menschen wie ein Schilfrohr
Sind stark Sind trotzig Haben einen festen Standpunkt Sind starr Gehen mit dem Kopf durch die Wand	Sind beweglich Passen sich an Kommen in allen Lebenslagen zurecht Suchen immer neue Möglichkeiten

Zur Vertiefung kann die Geschichte verklanglicht und gespielt werden:

Verklanglichung: Die Eiche und das Schilfrohr

Vorstellung:	*Verklanglichung:*
Eiche	*Tiefe Töne auf dem Xylophon oder Melodie, begleitet von Handtrommelschlägen*
Schilfrohr	*Glockenspielmelodie, begleitet von Triangelschlägen*
Sturm/Wind	*Reiben auf Trommelflächen, Stimmengeräusche*

Spiel: Die Eiche und das Schilfrohr
Die Kulisse wird mit Tüchern gelegt: Teich und Wiese. Jemand stellt die mächtige Eiche dar, die starr und fest steht, jemand anders das Schilfrohr, das hin und her schwankt. Die Sonne wird mit gelben Tüchern dargestellt, der Sturm mit weißen, grauen und schwarzen Tüchern, die stark bewegt werden. Das Spiel kann gut von dem Verklanglichungsvorschlag begleitet werden.
Im Arbeitsblatt werden die Bilder von Eiche und Schilfrohr vor und nach dem Sturm gemalt.

A 33 Windrad und Windspiel

Das Arbeitsblatt A 33 bietet zwei Bastelvorschläge für ein Windrad und ein Windspiel. Weitere Bastelmöglichkeiten sind:

Windharfe
Material: kleine, am oberen und unteren Rand durchbohrte Metallplättchen, Bindfaden, Stöckchen
An fünf gleichlangen Bindfäden werden im gleichen Abstand kleine Metallplättchen befestigt. Die Bindfäden werden in so geringem Abstand oben an einem Stäbchen befestigt, dass sie einander berühren können. In der Mitte des Stäbchens wird noch ein Bindfaden zum Aufhängen der Windharfe befestigt. Jetzt kann die Windharfe in ein offenes Fenster oder in den Garten gehängt werden. Wenn dann der Wind durchbläst, klingt die Windharfe.

Windauto
Material: das Untergestell eines ausgedienten Kinderwagens, ein stabiles Brett, ein Besenstiel, zwei dünnere Rundhölzer, Schnur, ein altes Betttuch
Auf dem Untergestell des Kinderwagens wird ein stabiles Brett als Sitzfläche gut befestigt.
Im vorderen Teil wird ein Loch gebohrt, in das ein Besenstiel als Mast passt, der auch gut befestigt sein muss. Zwischen den beiden Rundhölzern wird das Betttuch als Segel befestigt.
An die beiden Enden des unteren Rundholzes wird die längere Schnur zum Festhalten des Segels geknotet.

A 34 Flieg, Pipa, flieg!

Das Arbeitsblatt A 34 bietet einen Vorschlag, nach Art der Kinder in Brasilien mit einfachsten Mitteln einen kleinen Drachen zu bauen. Man kann natürlich auch andere Drachen bauen, sie im Wind fliegen lassen und so die Kraft des Windes erspüren. Hier ein weiteres Beispiel:

Drachen
Material: zwei Rundhölzer, Klebstoff, Transparentpapier (Stoff), Schnur
Rundhölzer in Kreuzform zusammenbinden. An den vier Enden von einem Ende zum anderen die Schnur spannen, damit der äußere Umriss eine Raute wird. Um die Raute herum Transparentpapier kleben oder leichten Stoff (z. B. Taft) spannen (auch mit Heftklammern). An den Schnittpunkt des Kreuzes die lange Schnur binden, an

der der Drache in die Luft gelassen wird. Wer möchte, kann an dem unteren Ende des Kreuzes noch eine Schnur mit bunten Schleifen als Drachenschwanz befestigen.

A 35 Alles ist Windhauch

Das Arbeitsblatt A 35 stellt den Text aus dem Buch Kohelet dar, in dem der Prediger das Leben als »Windhauch«, als vergänglich darstellt. Im Unterrichtsgespräch sollte herausgearbeitet werden, was mit einem solchen Ausspruch gemeint ist.

Das Windrätsel ist ein Silbenrätsel, bei dem die unterschiedlichen Silben Dinge ergeben, die mit dem Wind zu tun haben. Dieses Rätsel kann zunächst gemeinsam an der Tafel gelöst und dann auf das Arbeitsblatt übertragen werden.

A 36 Die Geschichte vom Löwenzahn

Die Geschichte von A 36 stellt den Wind dar als denjenigen, der die Samen fortträgt und so dafür sorgt, dass aus einem Löwenzahn immer mehr werden. Die Kinder malen die Bildergeschichte dazu auf das Arbeitsblatt. Diese Darstellung kann im Unterrichtsgespräch, ausgehend von der Pfingstgeschichte, auf die Ausbreitung des Evangeliums und das Anwachsen der christlichen Gemeinde hin gedeutet werden, die bis heute besteht und zu der auch wir gehören.

Erde

A 37 Schöpfung

Die Arbeitsblätter A 37 erzählen den ersten Schöpfungsbericht. Gott erschafft die Welt in sechs Tagen. Durch diese klare Gliederung lässt sich die Geschichte gut bebildern, wie die Kinder es auf den Arbeitsblättern tun können. Sie können aber die Bilder auch groß malen und sie dann als Leporello oder Bilderbuch zusammenfügen.

Spiel mit Tüchern: Die Schöpfung
Die Schöpfungsgeschichte wird vorgelesen. Zu den einzelnen Schöpfungstagen und zum Anfang und Ende werden stehende Bilder aus Menschen gestaltet, die mit unterschiedlichen Tüchern bekleidet sind. Wenn genug Mitspieler/innen da sind, können die einzelnen Bilder auch stehen bleiben.

Verklanglichung: Die Schöpfungsgeschichte
Alle sitzen im Kreis. In der Mitte liegen die unterschiedlichsten Orff'schen und selbst gebastelten Instrumente. Die einzelnen Schöpfungstage werden abschnittweise vorgelesen. Dann werden unterschiedliche Möglichkeiten ausprobiert, die zu dem genannten Gegenstand oder Lebewesen passen. Wenn alle sich einig sind und jedem Schöpfungstag passende Geräusche zugeordnet sind, wird der Text noch einmal im Zusammenhang gelesen und verklanglicht.

Wollfadenbild: Schöpfung
Material: einfarbiger Teppichboden oder Teppichfliesen, eine Schüssel mit Wasser, bunte Wollfäden
Die Wollfäden werden ins Wasser gelegt. Die Schöpfungsgeschichte wird vorgelesen. Den einzelnen Schöpfungstagen entsprechend werden mit den bunten Wollfäden Bilder gelegt: entweder nur die Umrisse oder auch ausgefüllte Bilder (dazu die Fäden ganz dicht legen).

A 38 Ein Loblied auf Gottes Schöpfung

Das Arbeitsblatt A 38 besingt zum einen in Psalm 8 die Schönheit von Gottes Schöpfung und das Staunen über Gottes Größe. Im Unterrichtsgespräch kann nach der Klärung unbekannter Begriffe miteinander herausgearbeitet werden: Was bringt den Dichter des Psalms zum Staunen? Worüber freut er sich? Habt ihr schon einmal eine ähnliche Freude erlebt? Die Kinder können den Psalm abwechselnd in zwei Gruppen sprechen.

Das zweite Element des Blattes ist das Lied »Menschenkinder auf Gottes Erde«, das die Verantwortung der Menschen beschreibt, unsere Erde, die Gott so wundervoll gestaltet hat, zu bewahren und nicht zu zerstören.

Gemeinschaftsbild: Menschenkinder
Material: Wachsmalstifte oder Wasserfarben und Pinsel, ein großer Bogen Papier
Das Lied wird miteinander gesungen. Das, worauf Menschenkinder in Gottes Schöpfung achten sollen, wird benannt. Jedem dieser Schöpfungsdinge wird ein bestimmter Platz auf dem Papier zugewiesen. Dorthin wird es gemalt, und dazwischen werden viele Menschenkinder gemalt, die Gottes Schöpfung bewahren sollen.

Collage: Zerstörung der Schöpfung
Aus Zeitschriften, Zeitungen und Illustrierten schneiden die Kinder Fotos und Überschriften aus, die von der Umweltzerstörung durch den Menschen Zeugnis geben. Diese Bilder legen sie in einer von ihnen gewählten Reihenfolge auf einen großen Bogen Papier und kleben sie auf. Daneben erstellen sie eine ähnliche Collage, die zeigt, wie schön Gottes gute Schöpfung ist.

A 39 Der Sonnengesang des Heiligen Franziskus

Ein weiteres großes Loblied der Schöpfung ist der Sonnengesang des Franz von Assisi. In vielen Strophen, die hier in kindgemäße Sprache übertragen sind, besingt er Gottes gute Schöpfung, indem er alle Dinge »Bruder und Schwester« nennt, auch Krankheit und Tod, der von der christlichen Hoffnung auf Auferstehung getragen ist.

Leporello: Der Sonnengesang
Material: Abtönfarben o. Ä., große Bögen Papier, Pinsel
In verschiedenen Kleingruppen werden die einzelnen Strophen des Sonnengesangs gemalt und dann die einzelnen Bilder aneinandergeklebt, sodass man sie beim Lesen und Singen nacheinander sichtbar machen kann.
Der Sonnengesang des Franz von Assisi kann ähnlich wie die Schöpfungsgeschichte (A 37) verklanglicht werden.

A 40 Schöpfungsrätsel

Das Arbeitsblatt A 40 bietet ein Schöpfungsrätsel an, das die Kinder ausfüllen und so noch einmal verinnerlichen, was unter anderem zu Gottes guter Schöpfung gehört.

A 41 Im Märzen der Bauer

Das Arbeitsblatt A 41 erzählt zum einen von der Bearbeitung des Ackerbodens durch den Menschen, damit er Frucht bringt. Miteinander das Lied singen und erarbeiten, was der Bauer tun muss, damit er sein Feld bestellen kann (pflügen, eggen, säen, ernten). Vielleicht ist es zu gegebener Zeit auch möglich, einen Unterrichtsgang oder Ausflug zu einem Bauernhof zu machen und zuzuschauen, wie der Boden bearbeitet wird.

Stilleübung: Wir sind wie ein Acker

Alle gehen zu einem frisch umgepflügten Acker und lassen sich an seinem Rand nieder. (Falls das nicht möglich ist, kann auch ein Bild von einem frisch gepflügten Acker gezeigt werden.) L spricht:

Gott hat uns Menschen die Erde anvertraut.
Seit Menschengedenken wird der Boden bearbeitet.
Er wird gehegt und gepflegt,
damit er immer wieder Frucht bringt.
Wenn er hemmungslos ausgebeutet wird,
ist er schnell ausgelaugt
und bringt keinen Ertrag mehr.

Die Erde braucht Abwechslung.
Man kann nicht Jahr für Jahr
die gleiche Frucht in derselben Erde großziehen.
Auch dann wird sie unfruchtbar.
Wir sind wie der Ackerboden:
Unsere Jahre sind wie die Furchen.
Wir wurden bearbeitet,
damit wir etwas lernen und wachsen
und reifen und einmal Frucht bringen.
Sind wir guter Boden?
Wer hat uns bearbeitet und geformt?
Welche Früchte sind durch uns gewachsen?

Zum Nachdenken kann leise Musik gespielt werden. Die Stilleübung kann auch in die biblische Geschichte vom Sämann (A 43) überleiten: Jesus erzählt auch ein Gleichnis vom guten und vom unfruchtbaren Boden ...

A 42 Vom Wachsen der Saat

Das Arbeitsblatt A 42 erzählt in einem Gleichnis vom Reich Gottes, wie die Saat, die der Bauer auf den bearbeiteten Boden aussät, von selbst wächst und gedeiht und Frucht bringt.
Eine andere Geschichte wird diesem Gleichnis gegenübergestellt: Die Geschichte von dem Mann, der der Saat beim Wachsen helfen will und damit alles verdirbt.
Die Kinder sollten beide Geschichten miteinander lesen und vergleichen. Im Unterrichtsgespräch wird dann erarbeitet, was das Wort »Geduld« bedeutet.
Es bietet sich auch an, mit den Kindern zu töpfern und dadurch Erde zu formen.

Töpfern
Material: Ton, Töpferbesteck
Der Ton wird warm und biegsam geknetet und dann geformt und bearbeitet. Das Töpfern kann nach Musik geschehen, frei improvisierend oder zu einem bestimmten Thema.

Stilleübung: Wer ist der Töpfer?
Als Einführung zum Töpfern: Alle sitzen im Kreis, die Mitte ist durch Tücher gestaltet. Alle erhalten einen kleinen Klumpen Ton. L spricht:

Wir halten einen kleinen Klumpen Ton in der Hand.
Er ist feucht, kalt und fest.
Wir kneten ihn mit unseren Händen,
bis er weich, warm und formbar wird.
Dabei schließen wir die Augen.
Wir hören Musik und lassen
Bilder und Formen in uns aufsteigen.
Dann überlassen wir den Ton unseren Händen
und formen etwas,
das aus unserem Inneren kommt.

Ruhige Meditationsmusik wird eingespielt.

Erkundungsgang: Was auf der Erde wächst
Miteinander einen Spaziergang machen, dabei besonders darauf achten, was alles auf der Erde wächst. Da, wo es möglich ist, kann man viele verschiedene Gräser und Kräuter sammeln, sie zu Hause pressen und in ein Heft kleben. Von den anderen Dingen wird eine Zeichnung oder ein Foto angefertigt.

Garten umgraben und etwas pflanzen
Ein großes Stück im Garten umgraben. Darauf achten, welche Tiere in der Erde wohnen und wie die Erdschollen beschaffen sind. Hinterher etwas einsäen und die Erde mit einer Harke glätten.

A 43 Das Gleichnis vom Sämann

Das Arbeitsblatt A 43 erzählt im Gleichnis vom Sämann, wie die Körner, die gesät werden, auf unterschiedlichen Boden fallen und was dann aus ihnen wird. Nach der Erarbeitung und Vertiefung sollte die Übertragung des Gleichnisses auf die Hörer des Gotteswortes mit den Kindern im Unterrichtsgespräch erarbeitet werden.

Pantomime: Der Sämann
Einer spielt den Sämann, der mit langsamen, großen Bewegungen sät. Immer, wenn das Wort »Sämann« im Folgenden erscheint, macht er diese Bewegung. Die anderen spielen den Weg und legen sich lang auf den Boden, die Vögel, die die Samen aufpicken usw.

Naturcollage: Das Gleichnis vom Sämann
Material: Erde, Steine, Dornen, eine flache Kiste, Sand, Körner ...
In einer flachen Kiste wird aus den entsprechenden Naturmaterialien die Landschaft zum Gleichnis vom Sämann gelegt: der Weg, das Dornengestrüpp, die Steingegend und der gute Ackerboden. Weizenkörner werden darüber ausgesät.

Wo tragen die Samen Frucht?

Das Gleichnis vom Sämann wird miteinander gelesen. Im Garten wird die Landschaft mit Weg, Felsen, Dornensträuchern und guter Erde in einer Ecke nachgestaltet. Dann werden darüber Weizenkörner ausgesät. Immer wieder dieses Gartenstück ansehen und beobachten, wo etwas wächst.

Verklanglichung: Das Gleichnis vom Sämann

Vorstellung:	Verklanglichung:
Sämann	Melodie auf dem Xylophon
Körner	Leises Tremolo im oberen Winkel einer Triangel
Weg	Handtrommelschläge
Vögel	Blockflötenkopf
Felsen	Holzblocktrommel, Klanghölzer
Die Saat geht auf.	Glockenspiel-Arpeggio von tiefen zu hohen Tönen
Sonne	Beckenschlag verklingen lassen.
Die Saat verdorrt.	Glockenspiel-Arpeggio von hohen Tönen zu tiefen Tönen
Dornen	Rumbarasseln
Guter Boden	Klangvolle Töne auf dem Metallophon
Die Saat wächst	Glockenspiel-Arpeggio von tiefen zu hohen Tönen, mehrmals hintereinander

A 44 Dankeschön sagen wir

Das Arbeitsblatt A 44 erzählt in einem Lied vom Dank für Gottes gute Schöpfung. Dieses Lied mit dem folgenden Tanz eignet sich gut zum Erntedank.

Tanzbeschreibung:
Alle stehen im Kreis.
Takt 1–4 (in jeder Strophe gleich): Die Arme öffnen sich nach oben.
1. Str., Takt 5–6: Alle beschreiben einen Kreis um sich selbst herum und beschreiben dabei mit dem rechten Arm einen großen Kreis.
Refrain:
Takt 1: Alle hüpfen auf der Stelle und kicken dabei mit dem linken Bein zweimal nach vorne.

Takt 2: Das Gleiche mit dem rechten Bein.
Takt 3: Zwei Beistellschritte nach rechts.
Takt 4: Zwei Beistellschritte nach links.
Takt 5–8: Wie Takt 1–4.
2. Str.: Die Hände werden wie eine Schale geformt und dann mit den Armen von oben nach unten geführt.
3. Str.: Regen: Die Arme werden von oben nach unten geführt, dabei spielen die Finger den tropfenden Regen. Sonne: Beide Arme beschreiben einen großen Kreis.
4. Str.: Tag: Die Arme werden von unten nach oben geführt und dabei geöffnet. Nacht: Die Handflächen werden aufeinander gelegt und an eine Gesichtshälfte geführt, die Augen geschlossen.
5. Str.: Pflanzen: Alle beugen sich zur Erde und spielen mit den Fingern und den Körpern das Wachsen. Bäume: Alle heben die Arme und wiegen sich wie Bäume im Wind.
6. Str.: Vögel: Alle führen eine Hand zum Ohr. Unser Lied: Alle werfen die Arme nach oben.

Spiel: Wir ernten im Garten
Die Kinder stehen bereit. Sie haben ihrer Rolle entsprechend farbige Tücher umgehängt oder in der Hand. Die Kinder, die an der Reihe sind, sagen zuerst, wer sie sind, und führen dann ihre Aktion aus.
»Wir sind das Gartentor.«
Zwei Kinder halten sich an den Händen. Sie stellen ein Gartentor dar. Sie gehen langsam auseinander, sodass sich das Gartentor öffnet.
»Ich bin der Apfelbaum und stehe im Garten.«
Ein Kind stellt einen Apfelbaum dar.
»Ich bin der Wind und sause durch die Zweige.«
Das nächste Kind stellt den Wind dar und pustet den Apfelbaum an.
»Ich bin der Birnbaum und stehe im Garten.«
Ein weiterer Baum kommt hinzu.
»Ich bin die Sonne und scheine auf die Bäume.«
Jetzt kommt die Sonne hinzu. Sie hält ihre gespreizten Finger strahlenförmig um ihren Kopf.
»Ich bin der Pflaumenbaum und stehe im Garten.«
Ein dritter Baum kommt hinzu.
»Ich bin der Regen und tropfe auf die Blätter.«
Mit den Händen wird von dem nächsten Spieler gezeigt, wie es regnet.
»Ich bin die Carmen und pflücke das Obst.«
Ein Kind kommt in den Garten und pflückt das Obst von den Bäumen.
»Ich bin die Mutter. Komm, Carmen, wir machen einen Obstsalat!«
Die Mutter kommt mit einer großen Schüssel. Carmen bringt der Mutter das Obst, das sie gepflückt hat.
Erzähler: »Alle haben geholfen, damit wir das Obst ernten konnten. Der Garten, der Apfelbaum, der Wind, der Birnbaum, die Sonne, der Pflaumenbaum und der Regen.«
(Entweder benennt der Erzähler die einzelnen Mitspieler und zeigt auf sie, oder diese sagen selbst, was sie dargestellt haben.)

Was wäre passiert, wenn sie alle oder auch nur einer von ihnen gesagt hätte: Nein, dieses Jahr habe ich keine Lust, das zu tun, was ich tun soll?«

Aus: Rolf Krenzer, Grundkurs Glauben erlebbar machen, Verlag Herder, Freiburg 1996.

A 45 Jeder Teil dieser Erde

Das Arbeitsblatt A 45 erzählt in Text und Lied von der Ehrfurcht anderer Völker, hier der Indianer, vor der Schöpfung. Der erste Text erzählt davon, dass die Erde ein einziges großes Lied zur Ehre ihres Schöpfers singt. Ein solches Lied kann man auch versuchen, miteinander zu erfinden:

Lieder der Erde erfinden

Alle sitzen im Kreis. Instrumente sind im Raum verteilt. Der Text 1 wird vorgelesen. Einige Zeit lang versuchen sich alle vorzustellen, wer und was alles das Lied der Erde singt. Dann versuchen alle, eine Melodie zu einem kleinen selbst gemachten Text zu erfinden, durch Summen, auf den Stabspielen, mit Flöten o. Ä. (Diese Phase kann einzeln, paarweise oder in kleinen Gruppen durchgeführt werden.) Dann werden die Lieder der Gruppe vorgestellt. Bevor gespielt und gesungen wird sagen die, die an der Reihe sind: »Ich/Wir singe/n das Lied der Rose (des Schmetterlings ...)«

Der zweite Text erzählt von der Notwendigkeit, Tiere und Pflanzen der Schöpfung zur Nahrung und Kleidung zu nutzen. Aber auch das soll nicht unbedacht geschehen.

Das Lied beschreibt den Satz des Häuptlings Seattle, dass die Erde seinem Volk heilig ist.

Tanzbeschreibung:

Die Tänzer/innen stehen in vier Ecken des Raums jeweils im kleinen Kreis. Sie symbolisieren die vier Himmelsrichtungen.

Der Tanz wird erst von allen gleichzeitig, dann als Kanontanz getanzt. Schrittfolge: halbe Noten.

Takt 1–4:	Acht Schritte: rechts seit, links kreuzt hinten, rechts seit, links kreuzt vorne ..., der letzte Schritt links wird nur neben dem rechten Bein aufgetippt.
Takt 5–8:	Acht Schritte: links seit, rechts kreuzt hinten, links seit, rechts kreuzt vorne, der letzte Schritt rechts wird beigestellt.
Takt 9:	Rechts wiegen.
Takt 10:	Links wiegen.
Takt 11–12:	Jeder dreht sich mit ausgebreiteten Armen um sich selbst.
Takt 13–14:	Die Hände werden zum Kreis durchgefasst, vier Schritte in die Mitte.
Takt 15–16:	Vier Schritte mit gesenktem Oberkörper zurück..

A 46 Eine Hand voll Erde

Das Arbeitsblatt A 46 stellt noch einmal die verschiedenen Dimensionen des Begriffs »Erde« einander gegenüber.

Stilleübung: Eine Hand voll Erde

Alle sitzen im Kreis. In der Mitte liegt auf einem Brett ein großer Erdhaufen. Alle schauen zur Mitte. Die Melodie (Refrain) von »Eine Hand voll Erde« wird immer wieder gesummt. L spricht:

Nacheinander wollen wir jetzt zur Mitte gehen und uns eine Hand voll Erde holen.

Wenn alle wieder auf ihren Plätzen sitzen, spricht L den Refrain des Liedes »Eine Hand voll Erde« einmal langsam vor, dann wird die Melodie gesummt und dann der Refrain gesungen. L spricht:

Eine Hand voll Erde halten wir in der Hand.
Wir spüren, wie kühl sie ist.
Wir sehen ihre dunkle Farbe.
Wir ahnen ihre bergende Kraft.

In der Erde ist es dunkel und feucht.
In der dunklen Erde
leben viele kleine Lebewesen,
die sie durch ihre unermüdliche Arbeit
fruchtbar machen.
Die Erde birgt den Samen,
die Blumenzwiebel,
aus der die schönsten
und nützlichsten Pflanzen wachsen.
Ob kleine Gräser oder riesige Bäume,
sie alle entspringen der Erde.
Und sie birgt kostbare Schätze und Mineralien.

Die Erde gibt allem Halt,
was auf ihr lebt und wächst.
In sie hinein verankern die Bäume ihre Wurzeln.
In sie hinein bauen Tiere ihre Höhlen.
Auf ihr bauen Menschen ihre Häuser.
Auf ihr bewegen sich Menschen und Tiere.
Die Erde ist der tragende Grund.

Eine Hand voll Erde halten wir in der Hand.
Wir spüren, wie kühl sie ist.
Wir sehen ihre dunkle Farbe.
Wir ahnen ihre bergende Kraft.

Alle singen noch einmal den Refrain des Liedes und tragen dann vorsichtig ihre Hand voll Erde wieder zur Mitte. Jetzt kann das ganze Lied miteinander gesungen und um die Mitte herum getanzt werden.

Tanzbeschreibung:

Aufstellung im Kreis.

1. Str.:

Takt 1–3:	Alle hocken und »spielen« pantomimisch mit Erde.
Takt 4:	Bei »Wind« stehen alle auf und führen schnell die Arme nach oben.
Takt 5–8:	Alle fassen die nach oben gehaltenen Hände und wiegen hin und her.
Takt 9–12:	Die Arme werden nach unten geführt, und alle stellen sich eng nebeneinander.
Takt 13–14:	Alle gehen vier Schritte nach hinten.
Takt 15–16:	Alle drehen sich mit langsamen vier Schritten nach außen.

Refrain:

Takt 1–2:	Alle hocken sich, formen die Hände zu einer Schale am Boden.

Takt 3–4:   Alle stehen langsam auf und strecken die zur Schale geformten Hände nach vorne.

Takt 5–8:   Die Hände werden ganz nach oben geführt und seitwärts geöffnet. (Bei der Wiederholung des Refrains drehen sich alle bei Takt 7–8 wieder zur Mitte.)

2. Str.:

Takt 1–8:   Alle fassen sich an den Händen und stehen in leichter Grätschstellung fest auf dem Boden.

Takt 9–16:   Alle führen die Hände nach oben und wiegen wie ein Baum hin und her, in den letzten zwei Takten wieder langsame Drehung nach außen.

3. Str.:

Takt 1–4:   Alle fassen sich an den Händen und gehen 16 Schritte rechts herum im Kreis. Rechts beginnt.

Takt 5–8:   Alle gehen wie oben, nur links herum.

Takt 8–12:   Alle strecken die Arme vor, schräg nach oben, die Handflächen zeigen zur Mitte.

Takt 13–16: Drehung nach außen und wieder in die Hocke zum Refrain.

Gestaltungsspiel: Erde

Am Rand eines Kreises liegen viele Tücher, Tuchstreifen, Steine und anderes Legematerial bereit. Gemeinsam wird in der Mitte ein großes Bild von der Erde gelegt: die braune Erde, was auf ihr wächst und lebt ... Alle, die eine Idee haben, dürfen nacheinander mitgestalten.

Erdschichten

Material: Wasserfarben, saugfähiges Papier, Pinsel
Den Querschnitt durch die Erdoberfläche mit ihren verschiedenfarbigen Erdschichten mit Wasserfarben malen.

Bild aus Erde legen

Material: verschiedenfarbige Erde, ein quadratisches, 5 cm tiefes Loch im Gartenboden (Größe des Loches je nach Möglichkeit)
Bei einer Fahrt wird von verschiedenen Gegenden eine Tüte Erde mitgebracht. Die verschiedenen Erdsorten werden nebeneinander auf dem Boden ausgebreitet. Man schaut sich die Farben der Erde an und überlegt, zu welchem Bildinhalt die Farben passen könnten. Das Bild wird dann in dem ausgehobenen Loch mit der verschiedenfarbigen Erde gestreut.

Mit Erde/Lehm gestalten

Material: feuchte Erde oder Lehm, ein Eimer mit Wasser, große Plane
Aus der Erde bzw. dem Lehm werden unterschiedliche Dinge und Figuren geformt: Häuser, Burgen, Bäume, Blumen, Menschen, Tiere ...

Wandbild: Unsere Erde

Material: eine Wand mit großen Papierbögen bespannt, Tageslichtprojektor, Folien mit den einzelnen Erdteilen, Bleistifte, Farbstifte oder Wasserfarben und Pinsel
Mit dem TLP werden die Erdteile (Reihenfolge im Atlas nachsehen) an die Papierwand projiziert und nachgezeichnet. Dann werden sie farbig bemalt.

Tonpapiercollage: Friedensschritte

Material: buntes Tonpapier, Stifte, großer Bogen Papier, Klebstoff, Scheren
Das »Kinderlied für den Frieden« nimmt noch einmal die Verantwortung des Menschen für Gottes gute Schöpfung auf. Im Unterrichtsgespräch kann überlegt werden, was wir zu diesem Frieden beitragen können, welche Worte Worte des Friedens und welche Menschen Friedensstifter sind.
Auf buntem Tonpapier werden nun Fußumrisse (die eigenen Füße umrahmen), Menschenfiguren und die für die Friedensworte notwendigen Buchstaben vorgezeichnet, die anschließend ausgeschnitten werden. In die Fußabdrücke aus Tonpapier werden »Friedensschritte« geschrieben und in die Menschen Beispiele für »Friedensstifter«.
Auf den großen Bogen Papier wird eine Weltkugel mit den Umrissen der Kontinente gezeichnet.
Jetzt werden die Fußabdrücke, die Friedensworte und die Figuren so in und um die Weltkugel gelegt, dass ein schönes Bild entsteht. Wenn alle mit der Gesamtkomposition des Bildes einverstanden sind, werden die Schritte, Worte und Menschen aufgeklebt.

Berg

A 47 Berg (Mandala)

Das Arbeitsblatt A 47 stellt in einem Mandala das Symbol Berg vor. In einem Brainstorming kann an der Tafel gesammelt werden, was den Kindern spontan zum Thema Berg einfällt.

Verklanglichung: Der Lautstärkeberg

Für dieses Spiel können alle rhythmischen Orffinstrumente, aber auch die Hände und Füße und die Melodieinstrumente genutzt werden. Auf ein gemeinsames Zeichen hin beginnen alle ganz leise ihr Instrument zu spielen, werden allmählich lauter und immer lauter, um dann genauso langsam wieder leiser zu werden.

Der Tonhöhenberg

Für dieses Spiel können nur Melodieinstrumente (Stabspiele, Flöten, Klavier ...) benutzt werden. Auf diesen klettert man langsam von den tiefsten Tönen bis hin zum höchsten Ton und wieder hinab.
Einen besonderen Reiz hat dieses Spiel auf Saiteninstrumenten: Gitarre, Geige, Cello ... Hier wird nicht ein Ton nach dem anderen gespielt, sondern am unteren Ende wird der Zeigefinger der linken Hand fest auf die Saite gedrückt. Während des Streichens mit dem Bogen oder während des Zupfens schleift der Finger über die Saite, sodass sie immer kürzer wird, und wieder zurück.

Eine Berglandschaft modellieren

Material: Gips, Ton oder Pappmaché (Kleister), Wasser, Draht und Zeitungspapier, Farben und Pinsel
Die Modelliermasse wird angerührt. Aus Draht und Zeitungspapier wird ein Untergrund geformt, der dann mit der Modelliermasse gestaltet wird. Wenn alles gut durchgetrocknet ist, kann das Gebirge bemalt werden.

Berglandschaft aus Naturmaterialien gestalten
Material: Steine, Sand, Moos, Zweige und andere Dinge aus der Natur, Pappe
Ein Untergrund (Tisch oder Fußboden) wird mit Pappe abgedeckt. Darauf wird dann eine Landschaft mit Bergen oder auch nur einem hohen Berg gestaltet.

Stilleübung: Blick vom Berggipfel
Alle sitzen im Kreis. Die Mitte ist als Berg gestaltet. L spricht:

Wir schließen die Augen.
Wir stellen uns einen hohen Berg vor.
Wir stehen auf dem Gipfel des Berges.
Um uns herum ist dünnes Gras,
in einiger Entfernung sehen wir den Waldrand.

Wir heben unseren Blick und schauen in die Ferne.
Andere Berggipfel leuchten uns entgegen.
Im Tal spiegelt sich die Sonne in einem Fluss.
Die Häuser, die Straßen sind winzig klein.
Und doch leben dort Menschen wie wir.

Der Gipfel verändert die Sichtweise.
Wir sind dem Himmel näher.

Hinter den anderen Bergen
färbt sich die Sonne rot.
Sie beginnt unterzugehen.
In uns wird es ganz still.

Eine leise Melodie summen.

Jetzt kommen wir von unserem Berg wieder herunter.

Das Berg-und-Tal-Spiel
Alle stehen im Kreis und halten sich an den Händen. Eine/r erzählt eine Phantasiegeschichte von Bergen und Tälern. (Die Geschichte kann auch als eine »Bandwurmgeschichte« erzählt werden: Der/Die Erste beginnt, von der/dem Nächsten wird die Geschichte fortgesetzt.) Immer, wenn das Wort »Berg« vorkommt, werden die Hände nach oben geführt, wenn das Wort »Tal« vorkommt, werden sie wieder gesenkt.

A 48 Bergschuhe

Das Arbeitsblatt A 48 zeigt Bergschuhe und beschreibt in einem Text den Aufstieg auf einen Berg. Vielleicht können manche Kinder hier schon auf eigene Erfahrungen zurückgreifen.

Pantomime: Aufstieg zu viert
Der Text wird gelesen. In einer anschließenden Stille versucht jede/r, sich vorzustellen, welche der vier beschriebenen Personen er/sie sein könnte. Jeder der vier beschriebenen Personengruppen wird eine Ecke des Raums zugeordnet, und zwar durch ein Schild mit der entsprechenden Aufschrift. Die Teilnehmer/innen verteilen sich nun entsprechend ihrer eigenen Zuordnung. Durch langsame Gesten, Haltungen und Bewegungen versuchen nun die Gruppen, ihre Gemütslage beim Aufstieg und bei der Ankunft zum Ausdruck zu bringen. Wichtig sind langsame Bewegungen und beim Spiel das Fortbewegen im ganzen Raum.

Traumreise: Eine Bergbesteigung
Alle sitzen im Kreis. Die Mitte ist gestaltet durch Bergschuhe und Rucksack. L spricht:
In der Mitte sehen wir
Bergschuhe und Rucksack,
die Ausrüstung zur Wanderung
auf einen hohen Berg.

Wir sitzen ganz entspannt und schließen die Augen.
Im Traum wollen wir jetzt miteinander
einen Berg besteigen.

Wir stehen am Fuße des Berges.
Wir schauen hinauf,
dort oben glänzt der Gipfel in der Sonne.
Zwischen Bäumen und Felsen
schlängelt sich ein schmaler Pfad hinauf.

Wir gehen los und beginnen den Aufstieg.
Der Gipfel entschwindet unseren Blicken.
Nur die allmähliche Steigung des Pfades sagt uns:
Wir nähern uns dem Gipfel, Schritt für Schritt.
Wir gehen langsam und stetig.
Wir achten auf den Rhythmus unseres Atems.

Wir kommen an die Baumgrenze.
Bisher gaben uns die Bäume Schutz.
Jetzt sind wir der Sonne ausgesetzt.
Der Anstieg wird steiler und mühsamer.
Wir können den Gipfel nicht sehen.
Es bleibt nur die Hoffnung: Er ist da.
Die Hoffnung gibt Kraft zum Weitergehen.

Außer Atem kommen wir auf eine Felsenplatte.
Jetzt können wir den Gipfel
mit seinem Gipfelkreuz erkennen.

Wie nah er ist!
Froh über diesen Anblick,
nehmen wir das letzte Stück des Weges in Angriff.
Dann haben wir es geschafft.
Die Weite, der Überblick, die Grenzenlosigkeit,
all das wird uns hier oben geschenkt.
Wir lassen uns im Gras nieder
und legen uns entspannt in die Sonne.

L bringt nach einiger Zeit die TN wieder behutsam in die Wirklichkeit zurück:

Wir machen uns bereit für den Abstieg
und gehen nun langsam den Berg wieder hinab.
Wer am Ausgangspunkt angekommen ist,
öffnet die Augen.

Was Bergschuhe erzählen
In die Kreismitte werden ein Paar abgelaufene Bergschuhe gestellt. Die Kinder werden nach einer Einführung (etwa: »Wir sind zwei Bergschuhe und haben schon so manches erlebt in den langen Jahren unserer Wanderschaft ...«) aufgefordert, eine Geschichte aus dem Leben dieser Bergschuhe zu erzählen. (Diese Geschichte kann jede/r auch erst für sich aufschreiben.)

Interviews mit »Bergsteigern«
Mit Kassettenrekorder und Mikrophon in die Stadt gehen und Menschen befragen:
Haben Sie schon einmal einen Berg bestiegen? Wissen Sie noch seinen Namen? Können Sie sich an die Wande-

rung erinnern und etwas davon erzählen? Wie haben Sie sich gefühlt, als Sie auf dem Gipfel angekommen sind? Was haben Sie gesehen?

Auf einen Berg steigen

Wenn sich die Möglichkeit bietet, miteinander auf den Gipfel eines Berges steigen, der von oben eine Aussicht bietet. Über das, was man spürt und sieht, miteinander reden. Evtl. auf dem Gipfel des Berges einen Gottesdienst feiern.

A 49 Völker ziehen zum Berg des Herrn

Mit dem Arbeitsblatt A 49 beginnt die Deutung des Berges als Ort, an dem man Gott begegnen kann. Hier wird im Text von Jesaja darauf hingewiesen, dass die Völker zum Berg des Herrn ziehen, weil sie ihn suchen und weil damit eine frohe Verheißung des Friedens gegeben wird. Diese Verheißung sollte mit den Kindern im Unterrichtsgespräch erarbeitet und auf einem Tafelbild dargestellt werden.

A 50 Mose auf dem Berg

Das Arbeitsblatt A 50 erzählt die Geschichte von Mose auf dem Gottesberg, der die Gesetzestafeln empfängt, während das Volk Gottes von ihm abfällt und sich ein goldenes Kalb als Götzen gießt.

Spiel zum Lied: Am Berge Sinai

Das Lied wird gelernt und gesungen. Dann wird überlegt, welche Personen, Gegenstände und Gruppen in dem Lied vorkommen: Mose, das Volk Israel, das goldene Kalb, der Berg.

Die Menschen werden mit bunten Tüchern verkleidet. Der goldene Stier wird aus Pappe und Goldpapier hergestellt. Der Berg Sinai wird aus Tischen und Stühlen gebaut, die nach vorne hin durch Tücher verkleidet sind (aufpassen, dass der/die Darsteller/in des Mose den Berg hinaufsteigen kann, ohne zu stürzen!). Dann wird überlegt, wo und wie die Szenen in den Strophen zu spielen sind. Das Lied wird gesungen und dazu wird das Geschehen in der besprochenen Weise dargestellt.

A 51 Elija auf dem Gottesberg

Das Arbeitsblatt A 51 erzählt, wie Gott dem Elija auf einem Berg im sanften Säuseln begegnet. Hierzu ein Spiel: Alle Mitspieler/innen stehen verteilt im Raum. L beginnt eine Geschichte zu erzählen, in der immer wieder die Worte Sturm – Erdbeben – Feuer – Stille vorkommen. Bei diesen Worten machen alle bestimmte Bewegungen:

Sturm: Alle beginnen wild durcheinander zu laufen.
Erdbeben: Alle trampeln geräuschvoll auf den Boden.
Feuer: Alle spielen mit den Armen die flackernden Feuerzungen.
Stille: Alle hocken sich ganz still hin und schließen die Augen.

L unterbricht die Bewegungsabläufe immer wieder durch ein Handzeichen, damit die Erzählung weitergehen kann.

A 52 Bergrätsel

Das Thema Berg/Elija wird im Arbeitsblatt A 52 noch einmal mit einem Rätsel zusammengefasst.

A 53 Verklärung auf dem Berg

Das Arbeitsblatt A 53 erzählt eine neutestamentliche Gotteserfahrung auf dem Berg: die Verklärung Jesu. Sie kann mit den Kindern erarbeitet werden als ein Moment großen Glücks, der sich nicht festhalten lässt. Von solchen Glückserfahrungen leben wir.